Ejercicios de Gramática

DE GRAMÁTICA

NIVEL AVANZADO

D1331662

EJERCICIOS DE GRAMÁTICA

NIVEL AVANZADO

Josefa Martín García

Equipo de la Universidad de Alcalá
Dirección de la colección: María Ángeles Álvarez Martínez

Programación: María Ángeles Álvarez Martínez
            Ana Blanco Canales
            María Jesús Torrens Álvarez

Autora: Josefa Martín García

2.ª reimpresión: 2004
3.ª reimpresión: 2007

Depósito legal: M-39.577-2007
ISBN: 978-84-667-0061-0
Printed in Spain
Imprime: Huertas Industrias Gráficas, S. A. Madrid

Equipo editorial
Edición: Milagros Bodas, Carolina Frías, Sonia de Pedro
Ilustración: El Gancho (Tomás Hijo, José Zazo y Alberto Pieruz)
Cubiertas: Taller Universo: M. Á. Pacheco, J. Serrano
Diseño y realización de interiores: JV, Diseño Gráfico, S. L.

Se incluyen en los materiales complementarios del método SUEÑA, diseñado para la enseñanza del español a extranjeros desde el Nivel Inicial hasta el Nivel de Perfeccionamiento, estos *Ejercicios de gramática* –dentro de la colección **PRACTICA**–, obra concebida como material de refuerzo en el aula, pero que además puede servir como libro de autoaprendizaje, con independencia del método SUEÑA.

Este libro se compone de sesenta ejercicios que se corresponden con el Nivel Avanzado. El orden de los ejercicios se ha establecido por el grado de dificultad. No obstante, se ofrece un índice temático para el estudiante que quiera reforzar cuestiones concretas. Al final del libro se dan las soluciones y, además, cada nueve actividades se ha incluido una autoevaluación de respuesta múltiple. Los diez últimos ejercicios sirven de transición al Nivel Superior.

ÍNDICE TEMÁTICO

1

Observa la siguiente oración y responde a las preguntas.

Colón descubre América en 1492.

a) ¿Qué tiempo verbal aparece?

....

b) ¿Cuál habrías utilizado tú?

....

c) ¿Por qué crees que se ha utilizado el presente?

....

Escribe ahora en pasado el siguiente texto.

HISTORIA DE LA CIUDAD DE TOLEDO

Los romanos se asientan en Toledo en el año 192 a. C. y construyen distintas obras en la ciudad. En la actualidad quedan algunos restos de la ocupación romana de esta ciudad castellana. A mediados del siglo VI Leovigildo conquista la ciudad y la nombra capital del reino hasta el año 711, cuando los musulmanes la invaden.

Los reyes de Castilla luchan contra los musulmanes durante siglos para expulsarlos de la Península. En el año 1085 el rey Alfonso VI reconquista Toledo. Desde ese año hasta el siglo XV conviven en la ciudad tres culturas: la cristiana, la judía y la musulmana. Durante este periodo destaca la Escuela de Traductores de Toledo. Los miembros de este grupo traducen, entre otras cosas, obras del árabe al castellano.

En 1492 los Reyes Católicos expulsan de España a los judíos. Desde entonces Toledo empieza a perder importancia y deja de ser la capital del reino en 1561, cuando el rey Felipe II convierte a Madrid en la capital de España.

Hoy en día, Toledo conserva en sus calles y edificios el ambiente medieval de las tres culturas. En 1987 la UNESCO la declara Ciudad Patrimonio de la Humanidad.

2

Completa los siguientes textos con los *pronombres relativos que/quien/quienes*.

I. Me he comprado un piso (1) .... está situado en el centro del pueblo. El vendedor (2) .... trabaja por las tardes en la inmobiliaria me dijo que era una ganga. Parece que el propietario, (3) .... tiene más pisos en este pueblo y en otras ciudades de España, tuvo que vender el piso por necesidad. La mujer con (4) .... vivía se ha fugado con un hombre a (5) .... conocía hacía tan solo dos días. La mujer se llevó todo el dinero y los objetos de valor (6) .... había en la casa. El hombre se quedó sin nada y ha comenzado a vender los pisos.

II. Los amigos con (1) .... sale Ana no me gustan. El otro día fueron a una discoteca (2) .... no tiene buena fama. Ana antes tenía unos amigos (3) .... eran de su misma edad. Las personas en (4) .... confía ahora son mayores que ella. Desde que sale con estos nuevos amigos se comporta de una forma extraña, antes era más normal. Viste trajes (5) .... parecen de otro mundo y su pelo, (6) .... antes era rubio, ahora es verde o azul. Espero que sus padres, (7) .... son muy respetados en esta ciudad, puedan ayudar a su hija. Seguro que ellos están muy preocupados por ella.

3

Completa con los verbos *ser, estar* o *haber* el siguiente texto.

La catedral de León (1) .... situada en el centro de la ciudad. (2) .... dos

plazas alrededor de ella. La catedral (3) .... un edificio gótico del siglo XIII. (4) .... construida sobre los restos de las termas romanas y del palacio del rey Ordoño II. (5) .... tres fachadas con portadas con muchas imágenes religiosas. La imagen de la Virgen Blanca (6) .... la más conocida. El interior de la catedral (7) .... grandioso y espectacular. (8) .... mucha luz y color por la gran cantidad de vidrieras que adornan las paredes. En el centro (9) .... el coro y, junto a él, el altar mayor. Alrededor de las naves (10) .... los sepulcros y las capillas.

(11) .... necesario ver la catedral con tranquilidad porque sus dimensiones (12) .... enormes y (13) .... muchos detalles: vidrieras, bóvedas, arcos, pinturas, columnas, etc. A veces, (14) .... posible oír el sonido del órgano con suaves melodías que invitan a la reflexión.

4

El científico Pitagorín ha creado una máquina capaz de adivinar el futuro. ¿Qué responderá la máquina sobre la vida en el año 2100? Construye frases siguiendo el ejemplo y utiliza los *tiempos de futuro*.

a) Desaparece el hambre en el mundo.

      EJEMPLO: *Habrá desaparecido el hambre en el mundo.*

b) No hay pobreza en el mundo.

....

c) La mujer es igual que el hombre en todos los aspectos de la vida.

....

d) Las ciudades tienen mucha contaminación.

....

e) Muchas especies de animales y de plantas se extinguen.

....

f) El hombre conquista Marte.

....

g) Los polos se derriten.

....

h) Los niños no van al colegio. Estudian con ordenadores en su casa.

....

i) Los coches son sustituidos por aviones pequeños.

....

j) Cada familia convive con un robot.

....

¿En qué casos se utiliza el futuro simple? ¿Y el futuro compuesto?

....

....

....

5

Ana no tiene trabajo. ¿Podrías darle algún consejo? Utiliza las siguientes estructuras con *subjuntivo* y *condicional*.

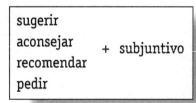

sugerir
aconsejar
recomendar   + subjuntivo
pedir

yo, que tú,
yo, en tu lugar,   + condicional
si yo fuera tú,

a) Hacer entrevistas de trabajo.

> EJEMPLO: *Te sugiero que hagas entrevistas de trabajo.*
> *Yo, que tú, haría entrevistas de trabajo.*

b) Enviar el currículum a distintas empresas.

....

c) Mirar las ofertas de trabajo en los periódicos y en las revistas.

....

d) Decírselo a los amigos para que ayuden.

....

e) Apuntarse a algún curso para mejorar el currículum.

....

f) Aceptar al principio cualquier trabajo para ir ganando experiencia.

....

g) En las entrevistas de trabajo, señalar los puntos más importantes del currículum.

....

h) No ponerse nerviosa.

....

i) Esperar hasta que todo cambie.

....

6

Une las oraciones utilizando algún nexo de los que aparecen a continuación para indicar la *causa*.

| porque, ya que, dado que, como, puesto que, pues |

a) Tuvieron un accidente. Conducía muy deprisa.

   EJEMPLO: *Como conducía muy deprisa, tuvieron un accidente.*

b) Tiene dinero. Se ha comprado un coche.

....

c) Está muy enfermo. Tiene cuarenta de fiebre.

....

d) La empresa tiene pérdidas. Malgasta mucho dinero.

....

e) He salido tarde de casa. No llegaré a tiempo.

....

f) Los accionistas ganaron mucho dinero. La empresa tuvo muchos beneficios.

....

g) El reloj se ha caído. No funciona bien.

....

h) En la casa hay goteras. El tejado está roto.

....

■ **Une ahora estas mismas oraciones marcando la *consecuencia*.**

> por (lo) tanto, de modo/manera que, así que,
> por consiguiente, en consecuencia

1) EJEMPLO: *Conducía muy deprisa, por tanto tuvieron un accidente.*

2) ....

3) ....

4) ....

5) ....

6) ....

7) ....

8) ....

7

Forma *adjetivos derivados* con *-oso* y *-ble* a partir de los siguientes sustantivos y responde a las preguntas.

-OSO

cariño ....   vicio   ....

gracia ....   ingenio ....

nervio ....   capricho ....

músculo ....   prestigio   ....

juicio   ....   mentira   ....

-BLE

elogiar   ....   ampliar   ....

variar   ....   manejar   ....

clasificar ....   aconsejar   ....

justificar ....   recomendar ....

decorar   ....   seleccionar ....

1. ¿Cómo has formado los adjetivos en -oso?

....

2. ¿Cuáles de esos adjetivos van con ser y cuáles con ser o estar?

SER: ....

SER/ESTAR: ....

3. ¿Cómo has formado los adjetivos en -ble?

....

4. ¿Los adjetivos en -ble se combinan con ser, estar o con ambos verbos?

....

5. Fíjate ahora en las definiciones que aparecen a continuación y trata de formar el adjetivo en -oso o en -ble.

a) Una persona que está en silencio es muy ....

b) Una persona que tiene mucho orgullo es muy ....

c) Una casa que puede ser habitada es ....

d) Un producto que puede ser exportado es ....

e) Una persona que tiene fama es ....

f) Una persona que es admirada por todos es ....

g) Una persona que muestra bondad es ....

h) Una persona que hace mucho ruido es ....

i) Una persona que tiene mucha pereza es ....

j) Una cosa que puede ser realizada es ....

8

Completa las siguientes oraciones con el *artículo definido* siempre que sea necesario.

a) Coloca .... libros que te regalé en .... estantería y quita todos .... objetos que ya no te sirvan.

b) Cuando va a .... bar, bebe .... cerveza, pero en .... casa sólo toma .... agua.

c) En .... mantel hay .... manchas de .... tomate.

d) Si quieres limpiar .... ventanas, primero tienes que quitar .... cortinas para no mancharlas de .... jabón.

e) Para ir a .... oficina, debes coger .... metro hasta Cuatro Caminos y después caminar unos cinco minutos por .... calle.

f) En el Amazonas han aparecido .... nuevas especies de mosquitos. .... investigadores han publicado .... primeras fotografías en .... revistas prestigiosas.

g) En .... cocina había .... platos sin fregar. .... mesa tenía .... restos de .... aceite. Olía a .... pescado podrido.

h) Asistió a .... fiesta .... gente muy conocida. Hicimos .... amigos. .... comida y .... bebida fueron abundantes.

9

Encuentra la definición de cada palabra y une las dos partes mediante los *pronombres relativos que/quien*.

juez	odontólogo
veterinario	modista
policía municipal	abogado
arquitecto	carpintero
mecánico	portero

- le llevas tus animales domésticos cuando están enfermos
- arregla tu coche cuando no funciona bien
- hablas con ella cuando necesitas un arreglo en tu ropa
- hace el proyecto para construir una casa
- le visitas cuando tienes problemas con tus dientes
- juzga en un tribunal de justicia
- le encargas la construcción de un mueble de madera
- defiende a alguien en un tribunal de justicia
- cuida y vigila el portal de tu casa
- te diriges a él cuando necesitas ayuda, por ejemplo si estás perdido en una ciudad

EJEMPLO: *El juez es la persona que juzga en un tribunal de justicia.*

....

....

....

....

....

....

....

....

....

10

Autoevaluación. Elige la respuesta correcta.

1. Me he manchado .... chaqueta que llevo puesta.

    a) --   b) la   c) una

2. La desgracia .... hace tres años.

    a) ocurrió   b) ocurra   c) ocurrirá

3. Dentro de un mes .... el cumpleaños de Antonio.

    a) sería   b) ha sido   c) será

4. La casa .... hemos comprado está a las afueras.

    a) que   b) quien   c) la que

5. Este chico .... muy juicioso.

    a) está   b) es   c) se pone

6. Cuando tengas ochenta años, ya te ....

    a) jubilarás   b) habrás jubilado   c) habrías jubilado

7. En mi infancia .... las fiestas religiosas, ahora ya no.

    a) celebramos   b) celebrábamos   c) habíamos celebrado

8. Le sugirió que .... el trabajo antes de que lo despidieran.

    a) dejara   b) deje   c) haya dejado

9. En la calle .... algunos árboles.

    a) son   b) están   c) hay

10. Yo, que tú, ... puntual a la cita.

    a) llegaré   b) llegaría   c) llegue

11. Les han cortado el teléfono .... no han pagado la factura el mes pasado.

    a) por tanto   b) ya que   c) así que

12. Es un chico muy tranquilo, pero hoy .... un poco nervioso.

    a) está   b) es   c) resulta

13. El abogado le recomendó que no .... las preguntas.

    a) conteste   b) contesta   c) contestara

14. Ha puesto en la mesa un mantel de .... tela.

    a) la   b) --   c) una

15. Cuando llegamos a casa, ... un olor a gas muy fuerte.

    a) había   b) era   c) estaba

16. He visto al hombre .... te atracó.

    a) quien   b) el que   c) que

17. El informe .... en el archivo de la izquierda.

    a) hay   b) es   c) está

18. La semana pasada te pedimos que nos ....

    a) acompañaras   b) acompañes   c) acompañas

19. Lleva toda la vida estudiando, ... no tiene experiencia laboral.

      a) porque   b) como   c) por tanto

20. ¿Dónde .... la fiesta esta noche?

      a) es   b) está   c) hay

11

Completa las oraciones utilizando la forma del *verbo* adecuada.

a) Va a llover.

      EJEMPLO: *No creo que vaya a llover.*

b) Hay trabajo para todo el mundo.

      Ana quiere que ....

c) El ministro confirma la noticia sobre el fraude en la venta de la empresa.

      Los periodistas esperan que ....

d) Entras en el edificio que está ardiendo.

      La policía te prohíbe que ....

e) Me dijiste la verdad.

      Me gustó que ....

f) Todos los alumnos aprobaron los exámenes.

      Los profesores se alegraron de que ....

g) Han venido a visitarte.

      Le molestó que ....

h) El jefe de Luis le sube el sueldo.

      Luis no piensa que ....

i) El partido de la oposición critica al presidente del Gobierno.

　　El presidente del Gobierno censuró que ....

j) Debe guardar reposo.

　　El médico le mandó que ....

k) El padre de Ana ha muerto.

　　Antonio sintió mucho que ....

12

¿Qué dicen las siguientes personas? Escribe en estilo directo las oraciones siguientes, que aparecen en *estilo indirecto*.

a) Ana dice que vendrá dentro de dos días.

　　EJEMPLO: *Vendré dentro de dos días.*

b) El profesor manda a los alumnos que se callen.

c) El cartero afirma que entregó el paquete el lunes pasado por la mañana.

d) Pepe asegura que le gusta mucho la paella.

e) El niño pregunta cómo eran sus abuelos.

f) El reo confiesa que había ocultado las pruebas antes de que la policía investigara.

g) La secretaria pregunta si ha llegado ya el Sr. Pérez.

h) Maite dice que cuando llegue a casa, sus padres ya se habrán ido.

i) El jefe de policía pide a su compañero que controle a los manifestantes para que no alteren el orden público.

j) Luis dice que ojalá no le haya llamado su jefe.

13

Escribe las oraciones del ejercicio anterior en *estilo indirecto* utilizando el pasado.

a) EJEMPLO: *Ana dijo que vendría dentro de dos días.*

b) El profesor mandó a los alumnos ....

c) El cartero afirmó ....

d) Pepe aseguró ....

e) El niño preguntó ....

f) El reo confesó ....

g) La secretaria preguntó ....

h) Maite dijo ....

i) El jefe de policía pidió a su compañero ....

j) Luis dijo ....

¿Qué cambios se han producido en los tiempos verbales?

❏ Presente   ❏ Pasado

presente de indicativo   >> ....

pret. perfecto de indicativo   >> ....

pret. imperfecto de indicativo   >> ....

pluscuamperfecto de indicativo   >> ....

pret. indefinido   >> ....

futuro simple   >> ....

futuro compuesto   >> ....

presente de subjuntivo   >> ....

pret. perfecto de subjuntivo   >> ....

14

Los *adjetivos* que aparecen en las oraciones siguientes pueden combinarse con *ser* y *estar*. ¿Cuál es la diferencia de significado en cada uno de estos casos?

a) El pescado es caro.

   El pescado está caro.

   ....

   ....

b) El niño es gordo.

   El niño está gordo.

   ....

   ....

c) Juan es joven.

   Juan está joven.

   ....

   ....

d) Ana es lista.

   Ana está lista.

   ....

   ....

e) Comer mucho es malo.

   La comida está mala.

   ....

   ....

f) Estos pantalones son nuevos.

   Estos pantalones están nuevos.

   ....

   ....

g) Este hombre es rico.
   El pastel está muy rico.

   ....

   ....

h) La mujer es viuda.
   La mujer está viuda.

   ....

   ....

15

Une las siguientes oraciones utilizando los *pronombres relativos que/ quien*.

a) Nos encontraremos en la ciudad. Visitaste esa ciudad el año pasado.

   EJEMPLO: *Nos encontraremos en la ciudad que visitaste el año pasado / Visitaste el año pasado la ciudad en la que nos encontraremos.*

b) María se ha comprado un ordenador. El ordenador es muy potente.

   ....

c) Hablamos con el profesor. El profesor ha estado ausente durante dos meses.

   ....

d) Ana está leyendo un libro. El libro trata de una historia de misterio.

   ....

e) El reloj no funciona. Me regalaste ese reloj el año pasado.

   ....

f) Ese chico es Jaime. Viste ayer a ese chico en el portal.

   ....

g) Lee el informe. Te he dejado el informe sobre la mesa.

   ....

16

Completa las oraciones con la *preposición* adecuada.

a) Al principio la bruja del cuento era muy mala, pero se convirtió después .... un hada buena.

b) La empresa no se atrevió .... invertir .... un nuevo negocio.

c) No se dieron cuenta .... que les estaban tomando el pelo.

d) Estás enfermo. Quédate .... casa descansando.

e) Tenía miedo y se acercó .... la puerta temerosamente.

f) Antes .... comprar un sillón siéntate .... él.

g) Estamos aprendiendo .... conducir.

h) Se dirigió .... la estación .... autobuses .... comprar el billete.

i) Fue muy cruel porque se burló .... nosotros.

j) Si vas .... el museo del Prado, debes fijarte .... los cuadros .... Goya.

17

A continuación te damos una lista con formas indirectas de dar una orden. Señala las que se utilizan en una situación más formal o resultan más corteses.

a) Quiero que vengas.

b) ¿Podrías decirme la verdad?

c) Te ordeno que salgas de aquí.

d) Tienes que poner la mesa.

e) Yo, que tú, haría la comida.

f) Sería conveniente que os fuerais de esta fiesta.

g) Os pido que me enviéis una carta todos los meses.

h) ¿Serían tan amables de sentarse?

i) No está permitido fumar aquí.

j) ¿Puedes bajar el volumen de la radio?

k) Me gustaría que me devolvieras la cámara de fotos.

Escribe las oraciones anteriores utilizando el *imperativo,* la forma directa para dar una orden. Sustituye también el complemento directo por un *pronombre* cuando sea posible.

a) EJEMPLO: *¡Ven!*

b) ....   g) ....

c) ....   h) ....

d) ....   i) ....

e) ....   j) ....

f) ....   k) ....

18

Las siguientes *oraciones compuestas* tienen un valor de intensidad. Escríbelas utilizando el nexo que se indica en cada caso.

a) De tanto pensar, se volvió loco.

(*porque*)

EJEMPLO: *Se volvió loco porque pensó mucho.*

b) Por muchas cosas que me digas, no te creeré.

(*aunque*) ....

c) De lo bueno que es, todo el mundo se aprovecha de él.

   (ya que) ....

d) Por el calor que hace parece que estamos en verano.

   (como) ....

e) Con lo vago que es, aprueba todos los exámenes.

   (a pesar de que) ....

f) Está tan gordo que no encontrará ropa para ponerse.

   (puesto que) ....

g) Por tanto trabajar, acabó agotado.

   (dado que) ....

h) Aun subiendo la voz, nadie te hará caso.

   (a pesar de que) ....

i) De lo bien que ha trabajado este mes, le han subido el sueldo.

   (porque) ....

j) Corrió tanto que llegó el primero.

   (ya que) ....

19

Completa con el *condicional compuesto* o el *futuro compuesto* las siguientes oraciones.

a) En julio ya .... *(terminar, nosotros)* los exámenes.

b) Me preguntó si en julio ya .... *(terminar, nosotros)* los exámenes.

c) Me fui de aquella casa pensando que probablemente me ....
   (engañar, él).

d) Antes de que vivas en el nuevo piso, ... *(comprar)* cosas inútiles.

e) Estoy seguro de que ya nos .... *(enviar, ellos)* el fax a la oficina.

f) De estar enfermo, ya te .... *(llamar, él)* por teléfono.

g) Sin tu ayuda, no .... *(poder, nosotros)* entregar el informe a tiempo.

h) Para las tres, ya .... *(comer, vosotros)*. Venid cuanto antes a trabajar.

i) Me dice que para la semana que viene ya .... *(regresar)*.

j) Le presté 600 euros el año pasado en julio. Al mes siguiente ya lo .... *(gastar)*, conociéndole.

20

Autoevaluación. **Elige la respuesta correcta.**

1. Me contestó que para las siete ya .... el informe.

    a) habrá terminado   b) habría terminado   c) ha terminado

2. No quiso que lo .... para desayunar con nosotros.

    a) despertáramos   b) despertaremos   c) despertemos

3. Miguel tiene pocos años. .... todavía joven.

    a) Está   b) Se pone   c) Es

4. Dejó el billete .... las hojas del libro.

    a) con   b) entre   c) hasta

5. El bolso píde............................ a Juan.

    a) sele   b) lelo   c) selo

6. No me gusta el chico .... estás saliendo.

       a) con que   b) de quien   c) con el que

7. No creemos que Ana nos .... engañando.

       a) está   b) esté   c) estaba

8. .... trata de engañarle, nunca se saldrá con la suya.

       a) Porque   b) Aunque   c) Por tanto

9. Son las tres. Estoy seguro de que a las cinco ya ....

       a) habrá llegado   b) habría llegado   c) había llegado

10. Tengo vacaciones .... el 1 de agosto hasta el 20 de ese mes.

       a) de   b) desde   c) por

11. Al director del colegio le interesa mucho que los alumnos .... los exámenes.

       a) aprueban   b) aprobaran   c) aprueben

12. .... soltero todavía, pero parece que va a casarse pronto.

       a) Está   b) Es   c) Se pone

13. Las personas .... enviará la carta son muy conocidas en las revistas.

       a) quienes   b) a que   c) a quienes

14. Trabajaron tantas horas .... terminaron agotados.

       a) como   b) que   c) quien

15. Es un mentiroso, ..., cuando te hable, no le escuches.

       a) dado que   b) como   c) así que

16. La entrada de cine debes enseñár........................... al portero.

       a) sela   b) lela   c) selo

17. Se preguntó si María le .... la verdad.

       a) dirá   b) dice   c) diría

18. Te has puesto poco estos pantalones y todavía .... nuevos.

      a) están   b) son   c) se ponen

19. Jugaremos al fútbol .... las siete.

      a) de   b) hasta   c) por

20. Le rogó que le .... solo.

      a) dejara   b) dejará   c) deje

21

Convierte las siguientes oraciones activas en *oraciones pasivas* utilizando la estructura *ser + participio*.

a) Los romanos construyeron muchos puentes.

     EJEMPLO: *Muchos puentes fueron construidos por los romanos.*

b) Un diseñador muy famoso decorará la oficina.

     ....

c) El periodista ha escrito un buen reportaje.

     ....

d) Siento mucho que un mecánico malo arregle tu coche.

     ....

e) No aceptamos que los ingenieros hayan desviado el río de su cauce.

     ....

f) Condenaron que el alcalde derribara una iglesia románica.

     ....

g) A las cinco, la policía ya había cortado el tráfico.

     ....

h) El presidente firmó el documento después de leerlo.

     ....

i) Ana y Luis tienen que pagar las facturas.

....

j) Los ladrones están robando muchos coches.

....

k) Los barrenderos van a limpiar las calles.

....

22

Convierte las oraciones pasivas del ejercicio anterior en pasivas reflejas, es decir, en *pasivas con el pronombre se*.

a) EJEMPLO: *Se construyeron muchos puentes.*

b) ....

c) ....

d) ....

e) ....

f) ....

g) ....

h) ....

i) ....

j) ....

k) ....

¿Qué cambios observas con respecto a las oraciones del ejercicio 21?

....

....

....

23

Completa las oraciones con la *preposición* que falta. Fíjate en que son *oraciones de relativo*.

a) Los chicos .... quienes habláis no son de tu grupo.

b) El cuchillo .... el que cortas el pan está oxidado.

c) Hoy iremos al cine .... el que vimos aquella película que te gustó tanto.

d) Condenaron al jefe .... el que trabajaba desde hacía dos años.

e) No le gustó la mujer .... la que llevaste el otro día el paquete.

f) El balcón .... el que vieron el desfile está en el segundo piso.

g) El año pasado compraron la estantería .... la que están colocadas las cajas.

h) El dueño de la tienda, ... quien unos gamberros golpearon el año pasado, ha decidido ampliar el negocio.

i) Cerraron la ventana .... la que huyeron los ladrones.

j) La fiesta .... la que asistieron fue un fracaso.

24

Completa las oraciones con el *artículo* determinado o indeterminado.

a) Llegó .... hombre extraño a la oficina. .... hombre dijo que era .... padre de .... director.

b) Me compraré .... cuadro que vimos .... sábado en .... exposición.

c) Compró .... casa en .... playa .... año pasado. Le costaría .... 300.000 euros.

d) .... rey Juan Carlos I comenzó su reinado en .... año 1975.

e) Esta noche a .... diez nos visitarán .... Pérez acompañados por .... señor Sánchez.

f) Jaime es todo .... profesor.

g) Llegarán a Barcelona por .... noche, sobre .... once y media.

h) En .... armario hay .... cepillo azul.

i) Fue a .... peluquería que está en .... esquina para cortarse .... pelo.

j) Se calzó .... zapatos y salió a .... calle. Después de andar .... minutos se paró delante de .... escaparate porque vio .... pantalones. Entró en .... tienda para probárselos.

25

Escribe las siguientes oraciones en *pasado*. Ten cuidado con los tiempos de los verbos.

a) Quiero que vengas a verme.

      EJEMPLO: *Quise que vinieras a verme.*

b) Le gusta que le sonrían.

    ....

c) Lamentan que te hayan echado de tu trabajo.

    ....

d) Los vecinos cuentan que a Luis le han robado.

....

e) Los periodistas afirman que los ministros de los países de la CE firmarán el acuerdo.

....

f) El accidente hace que todos los conductores detengan sus coches porque la carretera está colapsada.

....

g) A Irene le escandaliza que este actor tan conocido cuente su vida privada en las revistas.

....

h) Los alumnos saben que hay que estudiar para aprobar.

....

i) Los bomberos ordenan a todos que salgan del edificio.

....

j) Los científicos rechazan que las moléculas de agua puedan transformarse indefinidamente.

....

k) Jaime teme que no haya plazas suficientes en la universidad.

....

l) El público admira que los concursantes tengan tanto valor.

....

26

Rellena esta telaraña con los *verbos* formados con el sufijo *-ear*. Guíate por las definiciones que aparecen a continuación.

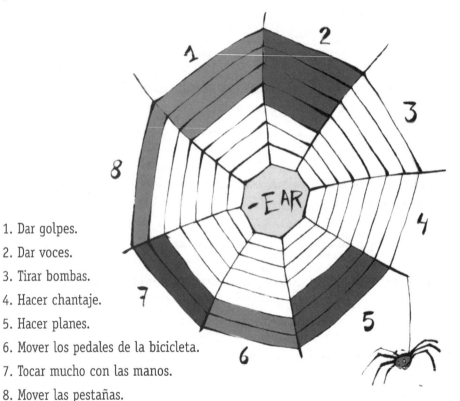

1. Dar golpes.
2. Dar voces.
3. Tirar bombas.
4. Hacer chantaje.
5. Hacer planes.
6. Mover los pedales de la bicicleta.
7. Tocar mucho con las manos.
8. Mover las pestañas.

27

Contesta negativamente a las siguientes preguntas utilizando *pronombres* para evitar las repeticiones.

a) ¿Te ha traído Marta las llaves?

   EJEMPLO: *No me las ha traído.*

b) ¿Les contarás a los niños una historia de miedo?

....

c) ¿Le dará Ana a Juan el regalo?

....

d) ¿Los llevará su hija a ustedes a la estación?

....

e) ¿Le gusta a María esta canción?

....

f) ¿Os ha escrito ya Susana el mensaje?

....

g) ¿Les han enviado a ustedes el contrato?

....

h) ¿Le dirás a Teresa que no venga con nosotros?

....

i) ¿Te interesa venir con nosotros al cine?

....

j) ¿Te preguntaron si habías estudiado en una universidad extranjera?

....

28

La estructura *es* + *adjetivo* + *que* puede llevar el verbo en indicativo o en *subjuntivo*. Observa los ejemplos y responde a las preguntas.

es evidente que	
es cierto que	+ indicativo
es obvio que	
es patente que	

```
es fácil que
es importante que
es posible que
es necesario que        + subjuntivo
es bueno que
es injusto que
```

```
no es evidente que
no es cierto que
no es obvio que    + subjuntivo
no es patente que
no es posible que
```

a) ¿Cuándo se usa el indicativo en la estructura *ser* + adjetivo + *que?*

....

b) ¿Cuándo se usa el subjuntivo?

....

A continuación te damos una lista con más ejemplos. Clasifícalos según lleven indicativo o subjuntivo.

es claro que	es normal que
es indudable que	es seguro que
es imposible que	no es increíble que
es extraño que	es divertido que
no es claro que	es triste que
es increíble que	no es normal que
es útil que	es natural que

❏ Indicativo: ....

....

❏ Subjuntivo: ....

....

29

Escribe las oraciones siguientes en *estilo indirecto*.

a) Los agricultores dijeron: "No nos moveremos de aquí si no nos bajan los impuestos".

> EJEMPLO: *Los agricultores dijeron que no se moverían de ese lugar si no les bajaban los impuestos.*

b) Luis preguntó a sus hermanas: "¿Cuáles son vuestros libros?".

....

c) El padre ordenó a sus hijos: "¡Id allí antes de las seis!".

....

d) El alcalde dijo a los ciudadanos: "Mañana no utilicéis el coche".

....

e) Felipe me preguntó: "¿Fuiste ayer con tus amigos al museo del Prado?".

....

f) El periodista afirmó en su artículo: "El director de la empresa ha chantajeado a sus trabajadores".

....

g) El entrenador dijo: "Hoy presentaré mi dimisión".

....

h) El portavoz de la Casa Real dijo: "Esta mañana la familia real ha visitado la catedral de León".

....

i) Antonio dijo: "Hace tres años estudiaba periodismo y ahora soy reportero de guerra".

....

¿Qué cambios se han producido en los pronombres, tiempos verbales y adverbios?

❏ Estilo directo   ❏ Estilo indirecto

Estilo directo	Estilo indirecto
primera persona	>> ....
segunda persona	>> ....
tercera persona	>> ....
aquí	>> ....
allí	>> ....
mañana	>> ....
ayer	>> ....
hoy	>> ....
esta mañana	>> ....
ahora	>> ....

30

Autoevaluación. **Elige la respuesta correcta.**

1. Le .... que lo podía comprar en ese lugar.

    a) dicen   b) dijeron   c) dirán

2. Esos edificios .... diseñados por un arquitecto muy famoso.

    a) se   b) estuvieron   c) fueron

3. Han visto .... ciervo por la carretera.

    a) un   b) el   c) --

4. El hombre .... el que hablas es mi jefe.

    a) por   b) con   c) para

5. Detesta que sus amigos .... tan tacaños.

    a) sean   b) son   c) eran

6. Se ha comprado unos pantalones de .... lana.

    a) la   b) una   c) --

7. Has mostrado una actitud .... la que te avergonzarás más tarde.

    a) de   b) en   c) a

8. A algunas mujeres .... importa mucho que hablen mal de ellas.

    a) las   b) les   c) se

9. Los periodistas lamentaron que el ministro no los ....

    a) recibía   b) recibirá   c) recibiera

10. Contestó que al día siguiente .... la respuesta.

    a) enviaría   b) enviará   c) habrá enviado

11. Le contó la historia real .... la que estaba inspirado el libro.

    a) a   b) de   c) en

12. Devuélveme .... libro que te presté.

    a) un   b) el   c) --

13. No soportamos que nos ....

    a) griten   b) gritan   c) gritaran

14. Es bueno que .... de esto con tu familia.

    a) hablas   b) hablarás   c) hables

15. El año pasado .... construyeron muchos pisos.

    a) fueron   b) se   c) estuvieron

16. Estas son las cosas .... las que siempre se preocupa.

    a) en   b) por   c) para

17. Hay .... tarta en la nevera.

    a) una   b) la   c) esta

18. ¿Me has comprado el periódico? Sí, ... he comprado.

    a) me lo   b) se lo   c) te lo

19. No es evidente que se .... solucionar los problemas de contaminación en el mundo.

        a) intente   b) intentará   c) intenta

20. El lugar .... que nos dirigimos está lejos todavía.

        a) del   b) en el   c) al

31

Algunos *adjetivos* en español pueden aparecer antes o después del sustantivo. Fíjate en los siguientes ejemplos:

>*una casa bonita*
>*una bonita casa*

El significado varía ligeramente de uno a otro: el adjetivo colocado antes del nombre *(una bonita casa)* supone una mayor carga afectiva. Observa ahora estos casos:

>*un amigo viejo*
>*un viejo amigo*

En estos casos el significado cambia totalmente: *un amigo viejo* es un amigo que tiene muchos años; *un viejo amigo* es un amigo de hace muchos años, y puede que no sea muy mayor.

Ahora, explica el cambio de significado en los siguientes ejemplos.

a) una nueva casa / una casa nueva

....

b) una gran novela / una novela grande

....

c) un pobre chico / un chico pobre

....

d) una triste secretaria / una secretaria triste

....

e) un raro concierto / un concierto raro

....

32

Fíjate en estas *oraciones de relativo* y responde a las preguntas.

> *Los estudiantes que asistieron a clase aprobaron.*
>
> *Los estudiantes, que asistieron a clase, aprobaron.*

a) ¿Cuál es la diferencia entre una y otra?

....

b) ¿Tienen el mismo significado?

....

Explica ahora la diferencia que existe entre los siguientes pares de oraciones.

1) Alcánzame las cajas que son de cartón.

   Alcánzame las cajas, que son de cartón.

....

....

2) Los atletas que pesaban menos de ochenta kilos llegaron a la meta.

   Los atletas, que pesaban menos de ochenta kilos, llegaron a la meta.

....

....

3) Tiró a la basura las camisas que estaban rotas.

   Tiró a la basura las camisas, que estaban rotas.

   ....

   ....

4) Los periodistas con los que habló el ministro eran de la radio.

   Los periodistas, con los que habló el ministro, eran de la radio.

   ....

   ....

33

Escribe los verbos del siguiente texto en el _tiempo_ adecuado. El texto está en _pasado_.

Antes de entrar en el automóvil (1) .... (mirar, ella) por encima del hombro para estar segura de que nadie la (2) .... (acechar). (3) .... (ser) las siete y cinco de la noche en Bogotá. (4) .... (oscurecer) una hora antes, el Parque Nacional (5) .... (estar) mal iluminado y los árboles sin hojas (6) .... (tener) un perfil fantasmal contra el cielo turbio y triste, pero no (7) .... (haber) a la vista nada que temer. Maruja (8) .... (sentarse) detrás del chofer, a pesar de su rango, porque siempre le (9) .... (parecer) el puesto más cómodo. Beatriz (10) .... (subir) por la otra puerta y (11) .... (sentarse) a su derecha. (12) .... (tener, ellas) casi una hora de retraso en la rutina diaria, y ambas (13) .... (verse) cansadas después de una tarde soporífera con tres reuniones ejecutivas. Sobre todo Maruja, que la noche anterior (14) .... (tener) fiesta en su casa y no (15) .... (poder) dormir más de tres horas. (16) .... (estirar, ella) las piernas entumecidas, (17) .... (cerrar) los ojos con la cabeza apoyada en el espaldar, y (18) .... (dar) la orden de rutina.

—A la casa, por favor.

GABRIEL GARCÍA MÁRQUEZ, _Noticia de un secuestro_
(texto adaptado).

34

Agrupa los siguientes verbos según la *preposición* que lleven.

alegrarse	soñar	asistir
acordarse	ayudar	insistir
comprometerse	enamorarse	pensar
enseñar	olvidarse	especializarse
interesarse	acostumbrarse	contentarse

A: ....

EN: ....

DE: ....

CON: ....

Escribe algunos ejemplos utilizando los verbos anteriores.

35

Di a Luis lo que le ocurrirá. Escribe las siguientes predicciones utilizando una *oración temporal* de futuro con *cuando*.

a) terminar la carrera - viajar por todo el mundo

  EJEMPLO: *Cuando termines la carrera, viajarás por todo el mundo.*

b) tocarte la lotería - ser millonario

  ....

c) leer la novela - saber mucho

  ....

d) hacer deporte - adelgazar

  ....

e) conocer a mi amiga - enamorarse

  ....

f) llover - no mojarse con ese paraguas

  ....

g) invitar a tu cumpleaños - regalarte una pulsera

  ....

h) comer paella - gustarte mucho

  ....

i) viajar por Francia - hablar mejor francés

  ....

j) pedir la factura en el restaurante - ponerte nervioso

  ....

36

Transforma las oraciones del ejercicio anterior en *oraciones condicionales*. Pon mucha atención en los verbos.

a) EJEMPLO: *Si terminas la carrera, viajarás por todo el mundo.*
Si terminaras la carrera, viajarías por todo el mundo.

b) ....

c) ....

d) ....

e) ....

f) ....

g) ....

h) ....

i) ....

j) ....

37

Las oraciones de cada uno de los siguientes grupos tienen la misma estructura. La única diferencia está en el *tiempo del verbo*. Explica el significado en cada caso.

a) Hace dos años que voy de vacaciones a la playa.
   Hace dos años que fui de vacaciones a la playa.

   ....

   ....

b) Dice que llegó a las tres.
   Dice que ha llegado a las tres.
   Dice que había llegado a las tres.

   ....

   ....

   ....

c) Me preguntó si iba con ellos.

Me preguntó si iría con ellos.

Me preguntó si había ido con ellos.

....

....

....

38

Completa los textos con el verbo en *futuro* o *condicional*.

I. Para dentro de cinco años, Ana ya (1) .... *(terminar)* la carrera, (2) .... *(conseguir)* un buen trabajo y, seguramente, (3) .... *(comprarse)* un buen coche. Ahora, (4) .... *(deber)* trabajar mucho, si quiere conseguir todo eso.

II. Le dijeron que cuando tuviera cincuenta años ya no (1) .... *(tener)* dinero porque lo (2) .... *(malgastar)* todo en vicios. Le aconsejaron que, para evitar esa catástrofe, lo mejor (3) .... *(ser)* que ahorrara y, así, (4) .... *(poder)* vivir cómodamente cuando fuera mayor.

III. No sé cuántos años (1) .... *(cumplir)* Felipe para la próxima semana. Luisa me dijo que cuando lo conoció (2) .... *(tener)* unos veinte años y que (3) .... *(nacer)* a principios de los años ochenta.

IV. Antonio se preguntaba si sus amigos (1) .... *(recibir)* ya el mensaje. (2) .... *(ser)* las ocho y pronto (3) .... *(comenzar)* a amanecer. Todo estaba preparado para la escalada. A las tres, ya (4) .... *(llegar)* a la cima del monte.

39

De las siguientes series de palabras, descarta el elemento que sobra y explica la razón por la que no pertenece a esa clase.

❑ Verbos

   a) aprender, asistir, enseñar, insistir

   > EJEMPLO: *Sobra* insistir *porque se construye con la preposición* en; *el resto, con la preposición* a: aprender a escribir, asistir a un concierto, enseñar a bailar, insistir en la idea.

   b) tener, saber, beber, poder

   ....

   c) lamentar, pensar, dudar, gustar

   ....

   d) traer, saber, caber, poder

   ....

❑ Adjetivos

   e) enfermo, contagioso, cansado, vacío

   ....

   f) bueno, triste, inteligente, feo

   ....

   g) bueno, grande, pequeño, primero

   ....

❑ Sustantivos

   h) pared, reloj, camión, césped

   ....

i)   cama, rama, pluma, pijama

....

j)   canción, pulmón, religión, explosión

....

40

Autoevaluación. Elige la respuesta correcta.

1. ¿Cuántos años .... cuando se quedó huérfano?

     a) tendrá   b) tendría   c) tuvo

2. Se escapó el gato .... le habían regalado.

     a) que   b) el que   c) el cual

3. Me enfadaré contigo si sigues burlándote .... tu hermano.

     a) a   b) de   c) con

4. Te pondré un fax cuando .... algo.

     a) sabré   b) sé   c) sepa

5. Si me hubieras avisado, ... contigo.

     a) habría ido   b) había ido   c) iría

6. Antes de que ...., vivía en un piso compartido.

     a) se trasladó   b) se había trasladado   c) se trasladara

7. Creo que ese jugador de baloncesto .... unos dos metros.

     a) mediría   b) medirá   c) medía

8. Quédate .... el coche si no quieres venir.

     a) a   b) por   c) en

9. Me explicó que, cuando .... mayor, haría lo que quisiera.

     a) fuera   b) sea   c) era

10. Si Elena .... pronto la carta, la llevaría a correos.

    a) escribía   b) escribiría   c) escribiera

11. No soportamos más que nos ....

    a) engañe   b) engaña   c) engañó

12. Cuando eras joven, ¿........................... tú a pedirle disculpas?

    a) has ido   b) habías ido   c) habrías ido

13. Si nunca ...., ahora tendrías bien los pulmones.

    a) hubieras fumado   b) habías fumado   c) fumaras

14. No me gusta el médico .... te atendió.

    a) quien   b) que   c) el cual

15. Tan pronto como Daniel .... la noticia, se la contó a su jefe.

    a) sabía   b) sabría   c) supo

16. No se acostumbra .... levantarse pronto por las mañanas.

    a) en   b) a   c) de

17. Si me .... por teléfono, di que no estoy en casa.

    a) llaman   b) llamaban   c) llamarían

18. Los países europeos condenaron que los países asiáticos no les .... sus productos.

    a) vendían   b) vendieron   c) vendieran

19. Cuando .... el libro, no pensó que tendría tanto éxito.

    a) publicara   b) publicó   c) publique

20. Le dijo que si .... dos kilos de carne, le regalarían una barra de pan.

    a) compra   b) comprara   c) compraba

41

Une las siguientes oraciones utilizando un *pronombre relativo*.

a) La abuela te contó una historia. No te olvides de esa historia.

> EJEMPLO: *La abuela te contó una historia de la que no debes olvidarte / No te olvides de la historia que te contó la abuela.*

b) Subimos por una escalera. La escalera estaba rota.

....

c) El restaurante es muy conocido. Nosotros vamos a ese restaurante.

....

d) La mujer paseaba con un niño. El niño era su sobrino.

....

e) Venimos de una ciudad. La ciudad tiene más de doscientos mil habitantes.

....

f) Leímos el periódico. La noticia apareció en ese periódico.

....

g) Voy a hablarte del libro. He escrito un libro.

....

h) Pronto podrás comprarte una casa. Sueñas con esa casa.

....

i) Los periodistas trabajan en periódicos extranjeros. El presidente se entrevistó con los periodistas.

....

j) La empresa ha quebrado. Juan trabaja en esa empresa.

....

42

En español algunos sufijos están relacionados, de modo que a partir de una palabra ya sufijada puede predecirse fácilmente la formación de otra nueva. Esto ocurre con los sufijos *-ería* y *-ero*. Fíjate en el siguiente ejemplo y responde a las preguntas.

libro > librería - librero

a) ¿Cómo se han formado las palabras *librería* y *librero?*

....

b) ¿Cuál es su significado?

....

1. Ahora, forma sustantivos con los sufijos *-ería* y *-ero* a partir de los siguientes.

reloj   ....

cristal   ....

enfermo   ....

sombrero   ....

tesoro   ....

fruta   ....

pelo   ....

2. ¿Cuál es la diferencia entre los dos grupos de palabras siguientes y el grupo anterior?

1) ingeniería, minería, carpintería, fontanería

....

....

2) viajero, rockero, prisionero, montañero, banquero

....

....

43

Completa el texto con las *preposiciones* que faltan.

El otro día Elena fue (1) .... un centro comercial (2) .... comprarse ropa (3) .... la nueva temporada. Salió (4) .... su casa muy pronto (5) .... tener más tiempo. Esperó el autobús durante media hora y tuvo que estar (6) .... pie. No había empezado (7) .... comprar y ya estaba cansada. Cuando subió (8) .... el autobús, se dio cuenta (9) .... que se había olvidado (10) .... dejar comida (11) .... el gato. No podía volver (12) .... casa. Pensó que tardaría poco tiempo. Bajó (13) .... el autobús y entró rápidamente (14) .... el centro comercial. Había muchas tiendas (15) .... distinto tipo: zapaterías, joyerías, de deportes, de ropa, de alimentación. (16) .... una tienda se compró un traje chaqueta y (17) .... otra una camisa y un jersey. Miró algunas zapaterías, pero no encontró las botas que buscaba (18) .... montar (19) .... caballo. Era ya tarde y decidió regresar (20) .... casa (21) .... cuidar a su gato.

44

Muchas oraciones transitivas pueden convertirse en *pasivas* utilizando el pronombre *se*. En estas construcciones no se especifica la causa o el agente que realiza la acción. Convierte las siguientes oraciones en pasivas con el pronombre *se*.

a) El conserje cerró la puerta.

   EJEMPLO: *La puerta se cerró.*

b) El camarero ha roto los platos.

....

EJERCICIOS DE GRAMÁTICA - NIVEL AVANZADO

c) Los agricultores quemaron la hierba seca.

....

d) El sol secará la ropa húmeda en poco tiempo.

....

e) La cocinera cuece las judías.

....

f) Los marineros hundieron el barco.

....

g) María arrugó la falda.

....

h) Las palomas ensucian los tejados.

....

i) El pintor moja las paredes.

....

45

Narra en _estilo indirecto_ en pasado lo que dicen los personajes del siguiente fragmento de _El tragaluz_, de Buero Vallejo. Puedes utilizar como verbos introductores los que aparecen en el recuadro.

> afirmar, explicar, anunciar, declarar, contestar, rogar, preguntar

ENCARNA: *(Con dulzura)* Has tardado...

MARIO: Mi hermano estuvo en casa.

ENCARNA: Lo sé.

> *(Ella retira suavemente su mano. Él sonríe, turbado)*

MARIO: Perdona.

ENCARNA: ¿Por qué hemos tardado tanto en conocernos? Las pocas veces que ibas por la Editora no mirabas a nadie y te marchabas en seguida... Apenas sabemos nada el uno del otro.

MARIO: *(Venciendo la resistencia de ella, vuelve a tomarle la mano)* Pero hemos quedado en contárnoslo.

ENCARNA: Nunca se cuenta todo.

Encarna dijo a Mario con dulzura que...

....

....

....

....

....

....

....

....

46

Escribe las siguientes *oraciones compuestas* utilizando el nexo que se indica en cada caso.

a) Si no lees el periódico, no te enterarás de las noticias.

 (como)

   EJEMPLO: *Como no leas el periódico, no te enterarás de las noticias.*

b) Como Ana no me ha avisado a tiempo, no podré ir a la reunión.

 (por tanto) ....

c) Trabajando mucho, ganaré más dinero y podré comprarme el coche.

(*si*) ....

d) Al poner la carne en la cazuela, eche un poco de sal.

(*cuando*) ....

e) Aunque sea tu amigo, no debes fiarte de él.

(*a pesar de*) ....

f) Si no dejas dinero como señal, no te apartarán el regalo.

(*a menos que*) ....

g) Saliendo de casa, me encontré con unos vecinos.

(*cuando*) ....

h) En caso de que Antonio te diga algo, comunícamelo.

(*si*) ....

i) De no ser algo importante, no me avise.

(*si*) ....

j) Depositó todo su dinero en una cuenta bancaria para que nadie se lo robara.

(*a fin de que*) ....

k) De mirar tanto por la ventana, ahora me duele el cuello.

(*dado que*) ....

47

Convierte en afirmativas las siguientes oraciones en *imperativo*.

a) ¡No me lo des!

      EJEMPLO: *¡Dámelo!*

b) ¡No os alegréis!

     ....

c) ¡No se sienten!

....

d) ¡No se lo traigamos!

....

e) ¡No os calléis!

....

f) ¡No se lo digas!

....

g) ¡No nos vayamos!

....

h) ¡No me mires!

....

i) ¡No os vayáis!

....

j) ¡No me lo den!

....

k) ¡No se lo pongáis!

....

48

Lee las siguientes oraciones y responde a las preguntas.

Busca un profesor que sabe alemán.
Busca un profesor que sepa alemán.

a) ¿Cuál es la diferencia entre una y otra?

....

b) ¿Cuál es el significado de cada oración?

....

■ **Escribe ahora el verbo en *indicativo* o *subjuntivo* en las *oraciones de relativo* siguientes.**

1) Ana saldrá con un hombre que .... (*ser*) alto, rubio y guapo y que además .... (*tener*) dinero. Su hermana ha conocido a un chico que .... (trabajar) en un banco y que no .... (*ser*) muy atractivo.

2) Te compraré juguetes que .... (*ser*) de plástico para que no los rompas.

3) Luis trabaja en una empresa que .... (*exportar*) productos al extranjero.

4) Estoy buscando un piso que .... (*tener*) calefacción central y que .... (*encontrarse*) en las afueras de la ciudad. En la inmobiliaria sólo me ofrecen pisos que .... (*ser*) muy viejos y que .... (*estar*) situados por el centro.

5) Buscan a la secretaria que .... (*trabajar*) el año pasado en esta oficina.

6) Quieren contratar a un vendedor que .... (*conocer*) la zona sur de España.

7) Veremos una película que .... (*ser*) divertida. La semana pasada vimos una que .... (*ser*) de guerra muy aburrida.

8) No conozco al pianista que .... (*interpretar*) la obra y no conozco a nadie que .... (*poder*) presentármelo.

49

Escribe los nexos que faltan para unir las *oraciones* de los siguientes textos.

I. (1) .... Luis vive en el último piso, oye muchos ruidos de sus vecinos. Ha intentado aislar acústicamente la casa (2) .... no haya tantos ruidos, (3) .... no ha servido de nada. (4) .... vino a vivir a ese piso, había mucha tranquilidad, después todo cambió.

II. (1) .... Juan trabajara en esta empresa, estuvo más de dos años desempleado. (2) .... tenía un buen expediente académico, ninguna empresa quería contratarle (3) .... era una persona bastante insegura. Durante estos dos años Juan aprendió (4) .... lo más importante en esta vida era la apariencia, (5) .... debía mostrarse muy seguro (6) .... hiciera una entrevista de trabajo.

III. El otro día Daniel y Ana fueron de compras (1) .... Ana necesitaba un sofá para el salón. Ana vio uno (2) .... le gustaba. Daniel le dijo que (3) .... compraba ese sofá, su salón parecería más pequeño. (4) .... él podía tener razón, Ana quería comprarlo (5) .... ese color iba bien con el resto de los muebles. (6) .... Ana había pagado el sofá, cambió de idea (7) .... ver otro (8) .... le gustaba más. Fue a hablar de nuevo con el empleado (9) .... la había atendido (10) .... cambiar el sofá.

50

Autoevaluación. **Elige la respuesta correcta.**

1. Quiere conseguir una máquina que .... la ropa sin ayuda.

    a) plancha   b) planche   c) planchará

2. El edificio fue destruido .... un terremoto.

    a) por   b) a   c) de

3. Se puso el abrigo de piel .... todo el mundo la mirara.

    a) por tanto   b) cuando   c) para que

4. En mi barrio .... venden muchos pisos.

    a) les   b) se   c) los

5. A Daniel le sorprendió mucho que no .... su propuesta.

    a) aceptaras   b) aceptes   c) aceptarás

6. El científico quería saber si esa especie animal .... clonarse.

    a) pudiera   b) podrá   c) podía

7. .... Paco hubiera ahorrado más, ahora no tendría que pedir un préstamo.

    a) Aunque   b) Como   c) Si

8. Me compraré un jersey que .... barato.

    a) será   b) sea   c) es

9. .... me digas la verdad, no te creeré.

    a) Aunque   b) Como   c) Si

10. Han salido de la casa .... despedirse.

    a) de   b) sin   c) con

11. A Juan .... importa mucho lo que digáis de él.

    a) se   b) lo   c) le

12. Le recordaron que .... todavía más de seis mil euros.

    a) debía   b) debe   c) deba

13. .... no venga a tiempo, perderá el autobús.

    a) Aunque   b) Como   c) Si

14. Seguro que se ha olvidado .... llamarme.

      a) en   b) por   c) de

15. Trabaja en el ordenador que le ....

      a) has regalado   b) regalarás   c) regales

16. Los pantalones que me compré hace poco .... han roto.

      a) se   b) lo   c) les

17. Le rogaron que .... de la sala en silencio.

      a) saldría   b) salga   c) saliera

18. Los he visto caminando .... el parque.

      a) para   b) por   c) entre

19. La niña quería una muñeca que ....

      a) cante   b) canta   c) cantara

20. .... no me has llamado, no te he esperado.

      a) Si   b) Como   c) Aunque

51

Completa el siguiente texto con las *preposiciones* que faltan.

Afirman los especialistas (1) .... comportamiento que (2) .... proyectar el futuro basta (3) .... evaluar el pasado. Partiendo (4) .... esta premisa, pocos pondrán (5) .... duda que si el siglo XX ha sido el (6) .... el cambio —callado y silencioso, pero (7) .... la vez profundo y radical— (8) .... el papel que la sociedad atribuye (9) .... las mujeres, el siglo XXI será el (10) .... la confirmación (11) .... su protagonismo (12) .... los cambios sociales.

Ese cambio protagonizado (13) .... las mujeres ha generado, como el movimiento continuo (14) .... las ondas (15) .... el agua, una transformación (16) .... los comportamientos y actitudes (17) .... los hombres y (18) .... la igualdad (19) .... su conjunto. Hoy día, la mayor parte (20) .... la sociedad está (21) .... favor (22) .... la igualdad (23) .... las mujeres y los hombres. Se comprenden y comparten las reivindicaciones (24) .... las mujeres (25) .... la búsqueda (26) .... mayor participación (27) .... las responsabilidades.

CRISTINA ALBERDI, "Las conquistas de la mujer",
El País 20 años (texto adaptado).

52

Escribe los *pronombres* que faltan en el siguiente texto.

El otro día fui a la montaña con tres amigos. .... (1) gusta mucho caminar por el campo. Cuando ya habíamos andado más de tres kilómetros, ... (2) dimos cuenta de que habíamos olvidado las cantimploras en mi coche. .... (3) habíamos dejado en el maletero dentro de unas cajas. .... (4) dije a mis amigos que no podíamos volver atrás.

Posiblemente, ... (5) encontraríamos con alguien y .... (6) pediríamos un poco de agua. Uno de mis amigos .... (7) insinuó que nadie en la montaña regala su agua porque .... (8) necesita para el camino. .... (9) .... (10) propuso que volviéramos al coche. .... (11) .... (12) negué. Estaba muy cansado ya. Mi amigo .... (13) enfadó .... (14) y yo con .... (15). Los otros dos amigos intervinieron en la discusión. Sin agua no podríamos andar más de tres kilómetros porque podríamos deshidratar............... (16). .... (17) sugirieron que .... (18) dos irían al coche mientras .... (19) .... (20) esperábamos. Así no discutiríamos. .... (21) di las llaves de mi coche para que pudieran abrir.............. (22) y sacar el agua del maletero.

53

Algunos *adjetivos* pueden funcionar como *adverbios,* por lo que no tienen marcas de género y número. Señala los adverbios en los siguientes pares de oraciones.

a) En su vida María ha trabajado duro / No me gusta el pan duro.

b) El cielo está claro / Hable más claro.

c) Es un chico alto / La cometa subió alto.

d) Ana abrió rápido la puerta / El atleta es muy rápido.

e) Cuando hagas una entrevista de trabajo, pisa firme / Es una mesa firme.

f) Luis piensa distinto a ti / Este trabajo es distinto al mío.

g) El día primero de clase hablarás con el profesor / Llegó primero la carta.

h) Canta fuerte en la ducha / Se ha convertido en un hombre fuerte.

i) Siga recto este camino / No puede perderse porque es un camino recto.

54

Escribe los verbos del siguiente texto en el *tiempo* y *modo* adecuados. El texto está en pasado.

La semana pasada Ana (1) .... *(ir)* a una entrevista de trabajo. La (2) .... *(llamar, ellos)* porque (3) .... *(ser seleccionada)* entre los candidatos. El jefe de recursos humanos le (4) .... *(preguntar)* si (5) .... *(tener)* experiencia. Ella le (6) .... *(contestar)* que (7) .... *(trabajar)* para una empresa de informática y que le (8) .... *(gustar)* mucho el mundo de los ordenadores.

Ana (9) .... *(ver)* en un anuncio de periódico la oferta de trabajo y le (10) .... *(interesar)* desde el principio. Cuando (11) .... *(leer, ella)* el anuncio, (12) .... *(pensar)* que ese trabajo (13) .... *(deber)* ser para ella. (14) .... *(enviar, ella)* la solicitud rápidamente a ver si la (15) .... *(llamar, ellos)* lo antes posible. En menos de una semana (16) .... *(recibir, ella)* una llamada para que (17) .... *(hacer)* una entrevista. Ahora (18) .... *(estar)* allí delante de un hombre que (19) .... *(ir)* a decidir sobre su futuro.

El jefe de recursos humanos le (20) .... *(pedir)* que (21) .... *(hablar)* sobre su currículum. Ana no (22) .... *(saber)* por dónde empezar. (23) .... *(estudiar)* informática en la universidad y después (24) .... *(seguir)* varios cursos de programación. Como investigadora, (25) .... *(colaborar)* en dos proyectos y (26) .... *(hacer)* varios programas para empresas. Aunque el currículum (27) .... *(ser)* excelente y muy amplio, (28) .... *(continuar, él)* preguntando. Ahora el jefe de recursos humanos (29) .... *(querer)* saber por qué ella (30) .... *(estar)* interesada en esa empresa. Ana (31) .... *(esperar)* esa pregunta y le (32) .... *(explicar)* que esa empresa (33) .... *(ser)* muy conocida y los productos informáticos que (34) .... *(vender, ellos)* (35) .... *(tener)* mucho prestigio. El jefe (36) .... *(sonreír)* mientras (37) .... *(anotar)* en un cuaderno las respuestas y algunas reflexiones sobre la forma de vestir y de comportarse de la candidata. A él le (38) .... *(gustar)* que los candidatos no se (39) .... *(poner)* nerviosos y Ana no lo (40) .... *(estar)*.

A continuación, el jefe le (41) .... *(decir)* que sólo le (42) .... *(hacer)* una pregunta más. Le (43) .... *(preguntar)* qué (44) .... *(poder)* aportar ella a la empresa. Ana (45) .... *(responder)* que (46) .... *(ser)* muy creativa y

(47) .... *(poder)* hacer programas muy interesantes. El jefe le

(48) .... *(dar)* las gracias por la entrevista. Ana (49) ....

(despedirse) de él cortésmente y (50) .... *(salir)* de la sala. La entre-

vista (51) .... *(terminar)* bien y (52) .... *(esperar)* que la

(53) .... *(avisar, ellos)* lo antes posible. (54) .... *(pensar, ella)*

que cuando (55) .... *(conseguir)* el trabajo, (56) .... *(hacer)*

una fiesta en casa.

55

Forma el rompecabezas. Construye *oraciones compuestas* a partir de las siguientes oraciones simples.

a)

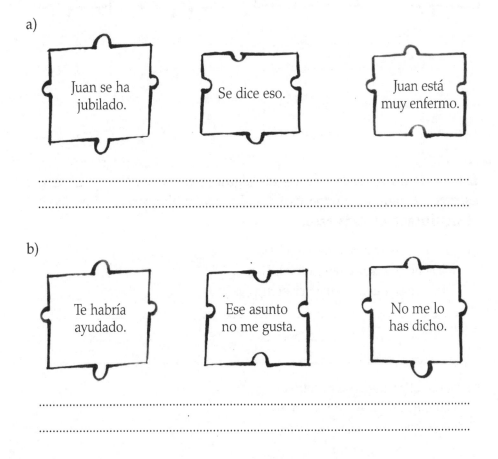

b)

c)

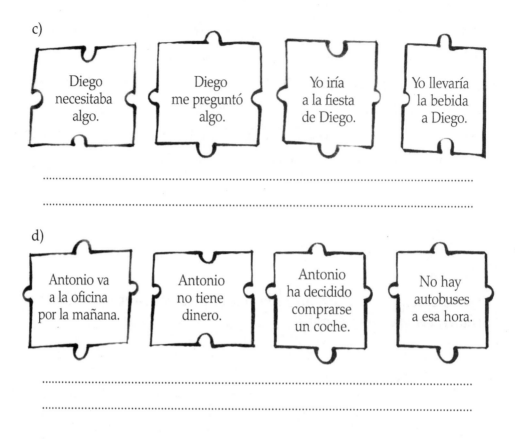

....

....

d)

....

....

56

Las oraciones de cada uno de los siguientes grupos tienen la misma estructura, pero el tiempo verbal del *modo subjuntivo* cambia. Explica el significado en cada caso.

a) ¡Ojalá no se divorcien tus padres!
    ¡Ojalá no se divorciaran tus padres!
    ¡Ojalá no se hubieran divorciado tus padres!

....

....

....

b) Siento que venga con nosotros.
    Siento que haya venido con nosotros.
    Siento que viniera con nosotros.

....

....

....

c) Juan me dijo que vendría.
   Juan me dijo que viniera.

....

....

....

57

El siguiente texto tiene oraciones excesivamente cortas y hay muchas repeticiones. Escríbelo construyendo *oraciones compuestas*.

Los periodistas fueron a la rueda de prensa. El ministro de Economía daba una rueda de prensa en la Moncloa a las tres. Los periodistas querían preguntar al ministro. Los precios de la gasolina habían subido mucho. Había muchas huelgas. La gente estaba harta. La gente tenía problemas. La gente no llegaba a fin de mes con el dinero que ganaba. Posiblemente, el ministro no contestaría. Los periodistas harían muchas preguntas. La rueda de prensa comenzó. Los periodistas llegaron.

....

....

....

....

....

....

....

....

....

58

Escribe los verbos en el *tiempo* y *modo* adecuados. El texto está en pasado.

Ángela (1) .... *(necesitar)* un diccionario en el que (2) .... *(aparecer)* la preposición que (3) .... *(llevar)* cada verbo en español. Los diccionarios que (4) .... *(tener)* en su casa no (5) .... *(incluir, ellos)* esta información, por eso (6) .... *(decidir, ella)* comprarse uno nuevo.

(7) .... *(entrar, ella)* en una librería y (8) .... *(preguntar)* al librero si (9) .... *(haber)* algún diccionario de español que (10) .... *(tener)* explicaciones gramaticales. El librero la (11) .... *(mirar)* con extrañeza porque no (12) .... *(entender)* lo que esa mujer le (13) .... *(decir)*. Como no (14) .... *(querer, él)* que Ángela (15) .... *(notar)* su desconocimiento, (16) .... *(tratar)* de contestarla. Le (17) .... *(decir)* que todos los diccionarios que (18) .... *(haber)* en su librería (19) .... *(explicar)* las palabras y, por esa razón, (20) .... *(ser, ellos)* tan grandes y voluminosos. Además, (21) .... *(señalar)* el librero que los diccionarios (22) .... *(tener)* la letra demasiado pequeña y que no (23) .... *(ser)* buenos libros para la gente que (24) .... *(tener)* problemas en la vista.

Ángela no (25) .... *(poder)* creer lo que (26) .... *(estar)* oyendo. (27) .... *(darse)* cuenta de que el librero no (28) .... *(saber)* lo que (29) .... *(ser)* un buen diccionario. (30) .... *(despedirse, ella)* de él lo antes posible y (31) .... *(salir)* corriendo de allí. Mientras (32) .... *(caminar)* por la calle, (33) .... *(ir)* pensando que no (34) .... *(volver, ella)* a preguntar a ningún librero. Lo mejor (35) .... *(ser)* entrar en alguna

librería donde (36) .... *(poder)* ver ella misma los diccionarios y así

(37) .... *(comprobar)* si (38) .... *(tener, ellos)* o no la infor-

mación que ella (39) .... *(buscar)*.

59

Corrige las siguientes oraciones.

1) Aquí es la noticia: nos vamos a vivir a otra ciudad.

2) Aseguró que vendrá, pero no sé si será verdad.

3) Es un documento que debe escribir su nombre y dirección.

4) Las interesa conseguir eso trabajo porque paguen bien.

5) Hubo un accidente y policía viene en cinco minutos.

6) Nos dimos cuenta demasiado tarde que nos habían engañado.

7) Estos empresarios no son como hombres de negocios hace veinte años.

8) El examen estará en la aula 5.

9) Se necesita uno documento.

10) Me lo den, si no me enfadaré.

11) Gracias por nos enviar la información solicitada.

12) Cuando serás mayor, podrás hacer lo que quieras.

13) Trataremos lo mejor asunto.

14) Se ha comprado un teléfono móvil para que todo el mundo puede localizarlo.

15) El hombre y la mujer hacen lo mismo trabajo y deben proteger sus hijos pequeños.

16) Si un estudiante tenga una duda, debe preguntar al profesor.

17) Los estudiantes de esta edad les encanta a hacer actividades divertidas en clase.

18) Dio un libro a cada uno estudiante.

19) Si hay un o algunos estudiantes quienes no comprenden algo, el profesor los ayuda.

20) Yo, que tú, comenzaré a preparar el examen.

21) La película está recomendable para los que quieran llorar.

22) Se acercaron a la mesa gente muy rara para pedir información.

23) ¡Volver pronto a visitarnos!

24) Si acompañabas a Luis, no te habrías quedado en casa solo.

25) Pueden irse ya los alumnos que les he dado las notas.

26) Di a tus amigos que vengan a la fiesta todos que quieran.

27) Me pidió que para julio habré terminado el proyecto.

28) Quisiéramos hablar con señor Martínez, por favor.

29) La policía dice por el altavoz que se detuvieran los coches.

30) No sé si vos lo he dicho ya: a Laura la han tocado 60.000 euros.

31) Hablamos con los vecinos que confiamos.

32) Antes de que llegó, nosotros estábamos esperándole.

33) Necesita que le cuidan porque está muy enfermo.

34) Hemos visto en el parque de Doñana unos aves grandes.

35) Los alumnos deberán resolver la problema antes cinco minutos.

36) El barco se dirigía en la costa cuando chocó contra otro barco.

37) La sorprende mucho que no has llamado.

38) Los viajeros pensaron que serán indemnizados por el retraso de su vuelo.

39) Si sigues recto por la calle, verás que hay la peluquería a mano derecha.

40) A los estudiantes no les gustaban estudiar *El Cid* o *La Celestina*.

Autoevaluación. Elige la respuesta correcta.

1. Los periodistas no creen que se .... la crisis económica.

    a) solucionará   b) solucione   c) soluciona

2. En cuanto .... a casa, enciende la calefacción.

    a) llegarás   b) llegues   c) llegas

3. .... trabajaba con el ordenador, se fue la luz.

    a) Tan pronto como   b) Al   c) Mientras

4. Laura .... alegra mucho de que hayas aprobado.

    a) se   b) le   c) la

5. Respondió .... el juez sin miedo.

    a) con   b) ante   c) para

6. El profesor nos exigió que .... puntuales a clase.

    a) llegaremos   b) lleguemos   c) llegáramos

7. .... a tu casa, me robaron el bolso.

    a) Ir   b) Yendo   c) Ido

8. Hizo el trabajo .... rapidez.

    a) con   b) para   c) en

9. No te concederán el préstamo .... presentes un aval.

    a) si   b) como   c) a menos que

10. El Gobierno necesita que otros partidos le .... para aprobar la ley.

    a) apoyan   b) apoyen   c) apoyaran

11. .... termine la película, nos iremos al supermercado.

    a) Como   b) Aunque   c) En cuanto

12. Se han manifestado .... la ley del aborto.

    a) con   b) contra   c) de

13. A ustedes .... puede interesar esa noticia.

    a) les   b) os   c) se

14. No invertiré en bolsa sin que me .... un experto.

    a) aconseje   b) aconseja   c) aconsejara

15. Jesús se conformó .... el 5% de los beneficios.

    a) en   b) por   c) con

16. Después de ...., nos echamos la siesta.

    a) comiendo   b) comer   c) comido

17. El abogado opina que no .... pruebas suficientes para condenar a su testigo.

    a) haya   b) hay   c) habrá

18. Este paquete es para ....

    a) vosotros   b) vos   c) os

19. Necesita dinero urgentemente, ... tiene una deuda muy grande.

    a) si   b) como   c) ya que

20. El avión no despegó hasta que la policía no .... de revisar el equipaje.

    a) termine   b) terminó   c) terminara

CLAVES

1

a) El presente de indicativo.

b) Lo normal es usar los tiempos del pasado: el indefinido, el imperfecto de indicativo o el pluscuamperfecto de indicativo.

c) Porque el presente puede usarse en textos históricos pasados para acercar los acontecimientos de la historia al presente.

Los romanos **se asentaron** en Toledo en el año 192 a. de C. y **construyeron** distintas obras en la ciudad. En la actualidad quedan algunos restos de la ocupación romana de esta ciudad castellana. A mediados del siglo VI Leovigildo **conquistó** la ciudad y la **nombró** capital del reino hasta el año 711, cuando los musulmanes la **invadieron.**

Los reyes de Castilla **lucharon** contra los musulmanes durante siglos para expulsarlos de la Península. En el año 1085 el rey Alfonso VI **reconquistó** Toledo. Desde ese año hasta el siglo XV **convivieron** en la ciudad tres culturas: la cristiana, la judía y la musulmana. Durante este periodo **destacó** la Escuela de Traductores de Toledo. Los miembros de este grupo **tradujeron,** entre otras cosas, obras del árabe al castellano.

En 1492 los Reyes Católicos **expulsaron** de España a los judíos. Desde entonces Toledo **empezó** a perder importancia y **dejó** de ser la capital del reino en 1561, cuando el rey Felipe II **convirtió** a Madrid en la capital de España.

Hoy en día, Toledo conserva en sus calles y edificios el ambiente medieval de las tres culturas. En 1987 la UNESCO la **declaró** Ciudad Patrimonio de la Humanidad.

2

I. 1) que; 2) que; 3) que; 4) quien; 5) quien; 6) que.

II. 1) quienes; 2) que; 3) que; 4) quienes; 5) que; 6) que; 7) que.

3

1) está; 2) hay; 3) es; 4) Está; 5) Hay; 6) es; 7) es; 8) Hay; 9) está; 10) están; 11) Es; 12) son; 13) hay; 14) es.

4

b) No habrá pobreza en el mundo.

c) La mujer será igual que el hombre en todos los aspectos de la vida.

d) Las ciudades tendrán mucha contaminación.

e) Muchas especies de animales y de plantas se habrán extinguido.

f) El hombre habrá conquistado Marte.

g) Los polos se habrán derretido.

h) Los niños no irán al colegio. Estudiarán con ordenadores en su casa.

i) Los coches serán sustituidos por aviones pequeños.

j) Cada familia convivirá con un robot.

El futuro simple se utiliza para hechos futuros que tienen duración en un momento del futuro; por ejemplo: *En el año 2100 la mujer será igual que el hombre.* El futuro compuesto se utiliza para hechos futuros acabados y anteriores a otro momento también futuro, en este caso en el año 2100.

5

Posibles respuestas

b) Te aconsejo que envíes el currículum a distintas empresas.

c) Yo, en tu lugar, miraría las ofertas de trabajo en los periódicos y en las revistas.

d) Te recomiendo que se lo digas a los amigos para que te ayuden.

e) Si yo fuera tú, me apuntaría a algún curso para mejorar el currículum.

f) Te pido que aceptes al principio cualquier trabajo para ir ganando experiencia.

g) Yo, que tú, en las entrevistas de trabajo señalaría los puntos más importantes del currículum.

h) Te sugiero que no te pongas nerviosa.

i) Yo, en tu lugar, esperaría hasta que todo cambie / cambiase.

6

Posibles respuestas

b) Se ha comprado un coche ya que tiene dinero.

c) Está muy enfermo porque tiene cuarenta de fiebre.

d) La empresa tiene pérdidas dado que malgasta mucho dinero.

e) No llegaré a tiempo, pues he salido tarde de casa.

f) Los accionistas ganaron mucho dinero, puesto que la empresa tuvo muchos beneficios.

g) Como el reloj se ha caído, no funciona bien.

h) Dado que el tejado está roto, en la casa hay goteras.

Posibles respuestas

2) Tiene dinero, así que se ha comprado un coche.

3) Tiene cuarenta de fiebre, de modo que está muy enfermo.

4) La empresa malgasta mucho dinero, por lo tanto tiene pérdidas.

5) He salido tarde de casa, en consecuencia no llegaré a tiempo.

6) La empresa tuvo muchos beneficios, por consiguiente los accionistas ganaron mucho dinero.

7) El reloj se ha caído, de manera que no funciona bien.

8) El tejado está roto, por tanto en la casa hay goteras.

7

-OSO

cariño > cariñoso; gracia > gracioso; nervio > nervioso; vicio > vicioso; ingenio > ingenioso; capricho > caprichoso; músculo > musculoso; juicio > juicioso; prestigio > prestigioso; mentira > mentiroso.

-BLE

elogiar > elogiable; variar > variable; clasificar > clasificable; justificar > justificable; decorar > decorable; ampliar > ampliable; manejar > manejable; aconsejar > aconsejable; recomendar > recomendable; seleccionar > seleccionable.

1. Los adjetivos en *-oso* se forman añadiendo el sufijo a un nombre.

2. SER: *vicioso, juicioso, prestigioso, mentiroso.*
SER/ESTAR: *cariñoso, gracioso, nervioso, ingenioso, caprichoso, musculoso.*

3. Los adjetivos en *-ble* se forman añadiendo el sufijo a un verbo.

4. Todos los adjetivos en *-ble* se construyen con *ser* exclusivamente.

5. a) silenciosa; b) orgullosa; c) habitable; d) exportable; e) famosa; f) admirable; g) bondadosa; h) ruidosa; i) perezosa; j) realizable.

8

a) los, la, los; b) al / un, --, --, --; c) el, --, --; d) las, las, --; e) la, el, la; f) --, Los, las, --; g) la, --, La, --, --, --; h) la, --, --, La, la.

9

- El veterinario es la persona a quien llevas tus animales domésticos cuando están enfermos.

- El policía municipal es la persona a quien te diriges cuando necesitas ayuda, por ejemplo si estás perdido en una ciudad.

- El arquitecto es la persona que hace el proyecto para construir una casa.

- El mecánico es la persona que arregla tu coche cuando no funciona bien.

- El odontólogo es la persona a quien visitas cuando tienes problemas con tus dientes.

- La modista es la persona con quien hablas cuando necesitas un arreglo en tu ropa.

- El abogado es la persona que defiende a alguien en un tribunal de justicia.

- El carpintero es la persona a quien encargas la construcción de un mueble de madera.

- El portero es la persona que cuida y vigila el portal de tu casa.

10

1. b; 2. a; 3. c; 4. a; 5. b; 6. b; 7. b; 8. a; 9. c; 10. b; 11. b; 12. a; 13. c; 14. b; 15. a; 16. c; 17. c; 18. a; 19. c; 20. a.

11

b) Ana quiere que haya trabajo para todo el mundo.

c) Los periodistas esperan que el ministro confirme la noticia sobre el fraude en la venta de la empresa.

d) La policía te prohíbe que entres en el edificio que está ardiendo.

e) Me gustó que me dijeras la verdad.

f) Los profesores se alegraron de que todos los alumnos aprobaran los exámenes.

g) Le molestó que hubieran venido / vinieran a visitarte.

h) Luis no piensa que su jefe le suba el sueldo.

i) El presidente del Gobierno censuró que el partido de la oposición le criticara.

j) El médico le mandó que guardara reposo.

k) Antonio sintió mucho que el padre de Ana hubiera muerto / muriera.

12

b) ¡Callaos!

c) Entregué el paquete el lunes (pasado) por la mañana.

d) Me gusta mucho la paella.

e) ¿Cómo eran mis abuelos?

f) Yo había ocultado las pruebas antes de que la policía investigara.

g) ¿Ha llegado ya el Sr. Pérez?

h) Cuando llegue a casa, mis padres ya se habrán ido.

i) Controla / Controle a los manifestantes para que no alteren el orden público.

j) ¡Ojalá no me haya llamado mi jefe!

13

b) El profesor mandó a los alumnos que se callaran.

c) El cartero afirmó que había entregado / entregó el paquete el lunes (pasado) por la mañana.

d) Pepe aseguró que le gustaba mucho la paella.

e) El niño preguntó cómo eran sus abuelos.

f) El reo confesó que había ocultado las pruebas antes de que la policía investigara.

g) La secretaria preguntó si había llegado ya el Sr. Pérez.

h) Maite dijo que cuando llegara a casa, sus padres ya se habrían ido.

i) El jefe de policía pidió a su compañero que controlara a los manifestantes para que no alteraran el orden público.

j) Luis dijo que ojalá no le hubiera llamado su jefe.

presente de indicativo >> imperfecto de indicativo

pret. perfecto de indicativo >> pluscuamperfecto de indicativo

pret. imperfecto de indicativo >> imperfecto de indicativo

pluscuamperfecto de indicativo >> pluscuamperfecto de indicativo

pret. indefinido >> pluscuamperfecto de indicativo / indefinido

futuro simple >> condicional simple

futuro compuesto >> condicional compuesto

presente de subjuntivo >> imperfecto de subjuntivo

pret. perfecto de subjuntivo >> pluscuamperfecto de subjuntivo

14

a) Con *ser*, el adjetivo *caro* significa que el pescado siempre ha tenido un valor elevado; con *estar*, el adjetivo *caro* indica que el pescado ha subido de precio recientemente, antes estaba barato.

b) El adjetivo *gordo* con *ser* indica que la persona ha sido gorda siempre: es una cualidad propia de la persona; con *estar*, el adjetivo *gordo* denota que la persona ha engordado recientemente, antes estaba más delgada.

c) *Juan es joven* significa que Juan tiene pocos años; *Juan está joven* indica que Juan, aunque tenga muchos años, tiene una apariencia joven.

d) Si Ana es lista, es inteligente; si Ana está lista, está preparada para hacer algo.

e) Con *ser*, el adjetivo *malo* indica cualidades negativas, lo contrario de *bueno*: desagradable, perjudicial, malvado. Con *estar* y aplicado a comidas indica que la comida está en mal estado.

f) Si los pantalones son nuevos, están sin estrenar, nadie se los ha puesto antes; si los pantalones están nuevos, están usados pero poco, porque parecen nuevos.

g) Si una persona es rica, tiene mucho dinero; si una comida está rica, tiene buen sabor.

h) Si una persona es viuda, lleva mucho tiempo en ese estado y no parece que vaya a cambiar; si una persona está viuda, parece que pueda existir un cambio en su estado; es posible que vuelva a casarse, por ejemplo.

15

b) María se ha comprado un ordenador que es muy potente / El ordenador que se ha comprado María es muy potente.

c) Hablamos con el profesor que ha estado ausente durante dos meses / El profesor con quien hablamos ha estado ausente durante dos meses.

d) Ana está leyendo un libro que trata de una historia de misterio / El libro que Ana está leyendo trata de una historia de misterio.

e) El reloj que me regalaste el año pasado no funciona / Me regalaste el año pasado un reloj que no funciona.

f) Ese chico que viste ayer en el portal es Jaime.

g) Lee el informe que te he dejado sobre la mesa.

16

a) en; b) a, en; c) de; d) en; e) a; f) de, en; g) a; h) a, de, para; i) de; j) al, en, de.

17

Las estructuras más formales para dar una orden son b), f), h), j), k).

b) ¡Dímela!

c) ¡Sal de aquí!

d) ¡Ponla!

e) ¡Hazla!

f) ¡Idos de esta fiesta!

g) ¡Enviádmela todos los meses!

h) ¡Siéntense!

i) ¡No fumen / fuméis aquí!

j) ¡Baja el volumen de la radio!

k) ¡Devuélvemela!

18

b) Aunque me digas muchas cosas, no te creeré.

c) Todo el mundo se aprovecha de él ya que es muy bueno.

d) Como hace mucho calor, parece que estamos en verano.

e) A pesar de que es muy vago, aprueba todos los exámenes.

f) No encontrará ropa para ponerse puesto que está muy gordo.

g) Dado que trabajó mucho, acabó agotado.

h) A pesar de que subas la voz, nadie te hará caso.

i) Le han subido el sueldo porque ha trabajado muy bien este mes.

j) Llegó el primero ya que corrió mucho.

19

a) habremos terminado; b) habríamos terminado; c) habría engañado; d) habrás comprado; e) habrán enviado; f) habría llamado; g) habríamos podido; h) habréis comido; i) habrá regresado; j) habría gastado.

20

1. b; 2. a; 3. c; 4. b; 5. c; 6. c; 7. b; 8. b; 9. a; 10. b; 11. c; 12. a; 13. c; 14. b; 15. c; 16. a; 17. c; 18. a; 19. b; 20. a.

21

b) La oficina será decorada por un diseñador muy famoso.

c) Un buen reportaje ha sido escrito por el periodista.

d) Siento mucho que tu coche sea arreglado por un mecánico malo.

e) No aceptamos que el río haya sido desviado de su cauce por los ingenieros / No es aceptado por nosotros que el río haya sido desviado de su cauce por los ingenieros.

f) Condenaron que una iglesia románica fuera derribada por el alcalde / Fue condenado que una iglesia románica fuera derribada por el alcalde.

g) A las cinco, el tráfico ya había sido cortado por la policía.

h) El documento fue firmado por el presidente después de leerlo / El documento fue firmado por el presidente después de ser leído.

i) Las facturas tienen que ser pagadas por Ana y Luis.

j) Muchos coches están siendo robados por los ladrones.

k) Las calles van a ser limpiadas por los barrenderos.

22

b) Se decorará la oficina.

c) Se ha escrito un buen reportaje.

d) Siento mucho que se arregle tu coche.

e) No aceptamos que el río se haya desviado de su cauce / No se acepta que el río se haya desviado de su cauce.

f) Condenaron que se derribara una iglesia románica / Se condenó que se derribara una iglesia románica.

g) A las cinco, ya se había cortado el tráfico.

h) Se firmó el documento después de leerlo / Se firmó el documento después de ser leído.

i) Se tienen que pagar las facturas.

j) Se están robando muchos coches.

k) Se van a limpiar las calles.

La pasiva refleja se forma con el pronombre *se* y el verbo en tercera persona en el tiempo que corresponda. No se utilizan el verbo *ser*, ni el participio, ni el complemento agente con la preposición *por*. Respecto al orden, es preferible el sujeto después del verbo. Al no figurar el complemento agente con *por* queda sin determinar la persona que realiza la acción.

23

a) con / de; b) con; c) en; d) para; e) a; f) desde; g) en; h) a; i) por; j) a.

24

a) un, El, el, del; b) el / un, el, la / una; c) una, la, el, unos; d) El, el; e) las, los, el; f) un; g) la, las; h) el, un; i) la, la, el; j) los / unos, la, unos, un, unos, la.

25

b) Le gustó / gustaba que le sonrieran.

c) Lamentaron / Lamentaban que te hubieran echado de tu trabajo.

d) Los vecinos contaron / contaban que a Luis le habían robado.

e) Los periodistas afirmaron / afirmaban que los ministros de los países de la CE firmarían el acuerdo.

f) El accidente hizo que todos los conductores detuvieran sus coches porque la carretera estaba colapsada.

g) A Irene le escandalizó / escandalizaba que este actor tan conocido contara su vida privada en las revistas.

h) Los alumnos sabían que había que estudiar para aprobar.

i) Los bomberos ordenaron / ordenaban a todos que salieran del edificio.

j) Los científicos rechazaron / rechazaban que las moléculas de agua pudieran transformarse indefinidamente.

k) Jaime temía que no hubiera plazas suficientes en la universidad.

l) El público admiraba que los concursantes tuvieran tanto valor.

26

1. golpear; 2. vocear; 3. bombardear; 4. chantajear; 5. planear; 6. pedalear; 7. manosear; 8. pestañear.

27

b) No se la contaré.

c) No se lo dará.

d) No nos llevará.

e) No le gusta.

f) No nos lo ha escrito todavía.

g) No nos lo han enviado.

h) No se lo diré.

i) No me interesa.

j) No me lo preguntaron.

28

a) Se usa el indicativo cuando el adjetivo significa "verdad, cierto", es decir, cuando se afirma algo como verdad.

b) Se usa el subjuntivo cuando el adjetivo indica juicios, opiniones, posibilidad, necesidad, obligación, etc. Cuando la estructura es negativa siempre aparece el subjuntivo.

 Indicativo: *es claro que, es indudable que, es seguro que.*

Subjuntivo: *es normal que, es imposible que, no es increíble que, es extraño que, es divertido que, no es claro que, es triste que, es increíble que, no es normal que, es útil que, es natural que.*

29

b) Luis preguntó a sus hermanas cuáles eran sus libros.

c) El padre ordenó a sus hijos que fueran a ese lugar antes de las seis.

d) El alcalde dijo a los ciudadanos que al día siguiente no utilizaran el coche.

e) Felipe me preguntó si había ido el día anterior con mis amigos al museo del Prado.

f) El periodista afirmó en su artículo que el director de la empresa había chantajeado a sus trabajadores.

g) El entrenador dijo que ese día presentaría su dimisión.

h) El portavoz de la Casa Real dijo que esa mañana la familia real había visitado la catedral de León.

i) Antonio dijo que hacía tres años estudiaba periodismo y en ese momento era reportero de guerra.

primera persona	>>	tercera / primera persona
segunda persona	>>	tercera / primera persona
tercera persona	>>	tercera persona
aquí	>>	*en ese lugar*
allí	>>	*en ese lugar*
mañana	>>	*el día siguiente*
ayer	>>	*el día anterior*
hoy	>>	*ese día*
esta mañana	>>	*esa mañana*
ahora	>>	*en ese momento*

30

1. b; 2. c; 3. a; 4. b; 5. a; 6. c; 7. a; 8. b; 9. c; 10. a; 11. c; 12. b; 13. a; 14. c; 15. b; 16. b; 17. a; 18. c; 19. a; 20. c.

31

a) *una nueva casa* es otra casa; *una casa nueva* es una casa sin usar;

b) *una gran novela* es una novela muy buena; *una novela grande* es una novela muy extensa;

c) *un pobre chico* es un chico desgraciado; *un chico pobre* es un chico que no tiene dinero;

d) *una triste secretaria* se refiere a que tiene un cargo poco importante; *una secretaria triste* es una secretaria que no está contenta;

e) *un raro concierto* es un concierto poco frecuente; *un concierto raro* es un concierto extraño.

32

a) En el segundo caso, la oración de relativo va entre comas, lo que significa que al hablar es necesario hacer una pausa.

b) Al ir entre comas, la segunda oración de relativo aporta un significado que se conoce, es decir, es una explicación adicional que no es necesaria para comprender la oración. En el primer caso, sin embargo, la oración de relativo es necesaria: si no aparece, el significado es distinto. Así, la primera oración indica que sólo los estudiantes que asistieron a clase aprobaron, es decir, no todos los estudiantes aprobaron. La segunda significa que todos los estudiantes aprobaron y además todos fueron a clase.

Las oraciones del primer tipo se llaman **oraciones de relativo especificativas**, porque especifican o restringen el significado del sustantivo, su antecedente. Las oraciones del segundo tipo son **oraciones de relativo explicativas**, porque explican, sin aportar ningún valor más, el significado del sustantivo.

1) En la primera oración se pide a alguien que alcance sólo las cajas de cartón: se supone que hay otras cajas que no son de cartón. En la segunda se pide a alguien que alcance todas las cajas, porque todas son de cartón.

2) En la primera oración sólo los atletas que pesaban menos de ochenta kilos llegaron a la meta; había otros que pesaban más. En la segunda, todos los atletas llegaron a la meta y todos pesaban ochenta kilos.

3) En la primera oración sólo tiró a la basura las camisas que estaban rotas; había otras camisas que no estaban rotas y éstas no las tiró. En la segunda, tiró a la basura todas las camisas porque todas estaban rotas.

4) En el primer caso, el ministro sólo habló con los periodistas que eran de la radio; había otros periodistas de la televisión o de los periódicos, por ejemplo. En el segundo, el ministro habló con todos los periodistas y todos los que había allí eran de la radio.

33

1) miró; 2) acechaba; 3) Eran; 4) Había oscurecido; 5) estaba; 6) tenían; 7) había; 8) se sentó; 9) pareció / había parecido; 10) subió; 11) se sentó; 12) Tenían; 13) se veían; 14) había tenido; 15) pudo / había podido; 16) Estiró; 17) cerró; 18) dio.

34

A: asistir, ayudar, enseñar, acostumbrarse, comprometerse.
EN: insistir, pensar, especializarse, interesarse.
DE: alegrarse, acordarse, enamorarse, olvidarse.
CON: soñar, comprometerse, contentarse.

Posibles respuestas

Hemos asistido a una reunión.

Los bomberos han ayudado a sacar del coche a las víctimas.

Nos han enseñado a cantar.

Ana se ha acostumbrado a levantarse pronto.

Elena se ha comprometido a terminar la tesis doctoral antes de tres años.

No quiso insistir en su idea.

Lleva dos horas pensando en la pregunta.

Se especializó en motores de cuatro válvulas.

La secretaria está interesada en conocer la noticia.

Se alegraron de saber que no había ocurrido nada.

No nos hemos acordado esta noche de sacar la basura.

Ana se enamoró de Antonio.

El director se olvidó de la cita.

Sueña con ser millonario.

Elena se ha comprometido con Juan.

Se ha contentado con sacar un simple aprobado.

35

b) Cuando te toque la lotería, serás millonario.

c) Cuando leas la novela, sabrás mucho.

d) Cuando hagas deporte, adelgazarás.

e) Cuando conozcas a mi amiga, te enamorarás de ella.

f) Cuando llueva, no te mojarás con ese paraguas.

g) Cuando me invites a tu cumpleaños, te regalaré una pulsera.

h) Cuando comas paella, te gustará mucho.

i) Cuando viajes por Francia, hablarás mejor francés.

j) Cuando pidas la factura en el restaurante, te pondrás nervioso.

36

b) Si te toca la lotería, serás millonario / Si te tocara la lotería, serías millonario.

c) Si lees la novela, sabrás mucho / Si leyeras la novela, sabrías mucho.

d) Si haces deporte, adelgazarás / Si hicieras deporte, adelgazarías.

e) Si conoces a mi amiga, te enamorarás de ella / Si conocieras a mi amiga, te enamorarías de ella.

f) Si llueve, no te mojarás con ese paraguas / Si lloviera, no te mojarías con ese paraguas.

g) Si me invitas a tu cumpleaños, te regalaré una pulsera / Si me invitaras a tu cumpleaños, te regalaría una pulsera.

h) Si comes paella, te gustará mucho / Si comieras paella, te gustaría mucho.

i) Si viajas por Francia, hablarás mejor francés / Si viajaras por Francia, hablarías mejor francés.

j) Si pides la factura en el restaurante, te pondrás nervioso / Si pidieras la factura en el restaurante, te pondrías nervioso.

37

a) En la primera oración he ido de vacaciones a la playa durante estos dos años varias veces y todavía sigo yendo. En la segunda, por el contrario, estuve en la playa hace dos años, pero no he vuelto a ir.

b) Las tres oraciones están es estilo indirecto. En la primera, el punto temporal "a las tres" pertenece a un día anterior al momento en que se dice esta oración. Se afirma que en uno o varios días anteriores la acción de llegar se produjo a las tres. En la segunda oración, la acción de llegar ocurre en el mismo día en que se emite esta oración, pero en un momento anterior, por ejemplo, el hablante puede decir esta oración a las cinco o a las seis, momentos posteriores a las tres. En la última, la acción de llegar se produce en uno o varios días anteriores al momento en que se emite la acción de decir; a diferencia de la primera oración, la acción de llegar se produce antes de las tres.

c) Las tres oraciones están en estilo indirecto. En la primera de ellas, la acción de ir es simultánea a la de preguntar. En el segundo caso, la acción de ir es posterior a la de preguntar; el condicional indica un futuro dentro de un pasado. En el último caso, la acción de ir es anterior a la de preguntar.

38

I. 1) habrá terminado; 2) habrá conseguido; 3) se habrá comprado; 4) deberá.

II. 1) tendría; 2) habría malgastado; 3) sería; 4) podría.

III. 1) cumplirá; 2) tendría; 3) habría nacido.

IV. 1) habrían recibido; 2) serían; 3) comenzaría; 4) habrían llegado.

39

b) Sobra *beber,* porque el resto de los verbos son irregulares en más de un tiempo. El verbo *beber* es regular.

c) Sólo el verbo *pensar* se construye con indicativo; el resto de los verbos lleva subjuntivo: *Lamento que vengas / Pienso que vendrás / Dudo que vengas / Me gusta que vengas.* Además, *pensar* es el único verbo irregular de la serie.

d) Sobra *traer;* el resto de los verbos tiene un futuro irregular: *traeré, sabré, cabré, podré.*

e) Sólo el adjetivo *contagioso* se construye con el verbo *ser;* los otros tres adjetivos llevan *estar.*

f) Sólo el adjetivo *inteligente* se construye con el verbo *ser;* los otros tres adjetivos pueden combinarse con *ser* o *estar.*

g) Sobra el adjetivo *pequeño,* porque los otros tres adjetivos se acortan cuando van antepuestos: *el buen hombre, el gran hombre, el pequeño hombre, el primer hombre.*

h) Sobra el sustantivo *pared* por ser femenino; los otros tres son masculinos.

i) Sobra el sustantivo *pijama* por ser masculino; los otros tres sustantivos son femeninos.

j) Sobra el sustantivo *pulmón* por ser masculino; los otros tres son femeninos.

40

1. b; 2. a; 3. b; 4. c; 5. a; 6. c; 7. b; 8. c; 9. a; 10. c; 11. a; 12. c; 13. a; 14. b; 15. c; 16. b; 17. a; 18. c; 19. b; 20. c.

41

b) Subimos por una escalera que estaba rota / La escalera por la que subimos estaba rota.

c) El restaurante al que vamos es muy conocido / Nosotros vamos a un restaurante que es muy conocido.

d) La mujer paseaba con un niño que era su sobrino / El niño con el que la mujer paseaba era su sobrino.

e) Venimos de una ciudad que tiene más de doscientos mil habitantes / La ciudad de la que venimos tiene más de doscientos mil habitantes.

f) Leímos el periódico en el que apareció la noticia / La noticia apareció en el periódico que leímos.

g) Voy a hablarte del libro que he escrito / He escrito un libro del que voy a hablarte.

h) Pronto podrás comprarte la casa con la que sueñas / Sueñas con una casa que pronto podrás comprarte.

i) Los periodistas con los que se entrevistó el presidente trabajan en periódicos extranjeros / El presidente se entrevistó con los periodistas que trabajan en periódicos extranjeros.

j) La empresa en la que Juan trabaja ha quebrado / Juan trabaja en una empresa que ha quebrado.

42

a) Los sufijos -ería y -ero se han unido a un sustantivo, *libro,* para dar lugar a otros sustantivos: *librería, librero.*

b) En estas formaciones, el sufijo -ería significa 'lugar': la librería es el lugar donde hay libros. El sufijo -ero indica 'persona': el librero es la persona que trabaja en una librería o que vende libros. Aunque estos dos significados aparecen en muchas palabras (como las del subenunciado 1), en otras muchas tienen más significados (como veremos en el subenunciado 2).

1. reloj > relojería, relojero; cristal > cristalería, cristalero; enfermo > enfermería, enfermero; sombrero > sombrerería, sombrerero; tesoro > tesorería, tesorero; fruta > frutería, frutero; pelo > peluquería, peluquero.

2. Las palabras del grupo 1 no significan 'lugar', sino 'actividades, oficios'. Todas ellas tienen la correspondiente en -ero, que indica la persona que desarrolla esa

actividad: *ingeniero,* 'persona que se dedica a la ingeniería'. Asimismo, no proceden de un sustantivo independiente. Las palabras del grupo 2 significan también 'persona relacionada con algo': *viajero,* 'persona que realiza viajes'; *rockero,* 'persona relacionada con la música rock'. Proceden de sustantivos simples *(viaje, rock, prisión, montaña, banco)* y no tienen la correspondiente palabra en *-ería.*

43

1) a; 2) para; 3) para / de; 4) de; 5) para; 6) de; 7) a; 8) al; 9) de; 10) de; 11) al / para; 12) a; 13) del; 14) en; 15) de; 16) En; 17) en; 18) para; 19) a; 20) a; 21) para.

44

b) Los platos se han roto.

c) La hierba seca se quemó.

d) La ropa húmeda se secará en poco tiempo.

e) Las judías se cuecen.

f) El barco se hundió.

g) La falda se arrugó.

h) Los tejados se ensucian.

i) Las paredes se mojan.

45

Posible respuesta

Encarna dijo a Mario con dulzura que había tardado. Mario le explicó que su hermano había estado en casa. Encarna afirmó que lo sabía. Como ella retiró suavemente su mano, Mario le rogó que le perdonara. Encarna le preguntó por qué habían tardado tanto en conocerse. Ella declaró que las pocas veces que Mario iba por la Editora él no miraba a nadie y se marchaba en seguida. Afirmó que apenas sabían nada el uno del otro. Venciendo la resistencia de Encarna, Mario volvió a tomarle la mano y le contestó que habían quedado en contárselo. Encarna anunció que nunca se contaba todo.

46

b) Ana no me ha avisado a tiempo, por tanto no podré ir a la reunión.

c) Si trabajo mucho, ganaré más dinero y podré comprarme el coche. Si trabajara mucho, ganaría más dinero y podría comprarme el coche.

d) Cuando ponga la carne en la cazuela, eche un poco de sal.

e) A pesar de que sea tu amigo, no debes fiarte de él.

f) A menos que dejes dinero como señal, no te apartarán el regalo.

g) Cuando salía de casa, me encontré con unos vecinos.

h) Si Antonio te dice algo, comunícamelo.

i) Si algo no es importante, no me avise.

j) Depositó todo su dinero en una cuenta bancaria a fin de que nadie se lo robara.

k) Dado que he mirado mucho por la ventana, ahora me duele el cuello.

47

b) ¡Alegraos!

c) ¡Siéntense!

d) ¡Traigámoselo!

e) ¡Callaos!

f) ¡Díselo!

g) ¡Vayámonos! / ¡Vámonos!

h) ¡Mírame!

i) ¡Idos!

j) ¡Dénmelo!

k) ¡Ponédselo!

48

a) En el primer caso, la oración de relativo va en indicativo y en el segundo, en subjuntivo.

b) En la primera oración se habla de un profesor concreto, alguien conocido. La segunda oración se refiere a un profesor cualquiera que pueda hablar en alemán.

En las oraciones de relativo, con el indicativo se marca lo real, lo concreto; con el subjuntivo, lo indeterminado.

1) sea, tenga, trabaja, es; 2) sean; 3) exporta; 4) tenga, se encuentre, son, están; 5) trabajó; 6) conozca; 7) sea, era; 8) interpreta / ha interpretado, pueda.

49

Ofrecemos posibles respuestas. Junto al nexo escribimos el tipo de oración de que se trata.

I. 1) Aunque (concesiva); 2) para que (final); 3) pero (adversativa); 4) Cuando (temporal).

II. 1) Antes de que (temporal); 2) Aunque (concesiva); 3) porque (causal); 4) que (sustantiva); 5) por tanto (consecutiva); 6) cuando (temporal).

III. 1) porque (causal); 2) que (relativa); 3) si (condicional); 4) Aunque (concesiva); 5) porque (causal); 6) Después de que (temporal); 7) al (temporal); 8) que (relativa); 9) que (relativa); 10) para (final).

50

1. b; 2. a; 3. c; 4. b; 5. a; 6. c; 7. c; 8. b; 9. a; 10. b; 11. c; 12. a; 13. b; 14. c; 15. a; 16. a; 17. c; 18. b; 19. c; 20. b.

51

1) en; 2) para; 3) con; 4) de; 5) en; 6) del; 7) a; 8) en; 9) a; 10) de; 11) de; 12) en; 13) por; 14) de; 15) en; 16) en; 17) de; 18) de; 19) en; 20) de; 21) a; 22) de; 23) entre; 24) de; 25) en; 26) de; 27) en.

52

1) Nos / Me; 2) nos; 3) Las; 4) Les; 5) nos; 6) le; 7) nos; 8) la; 9) Él; 10) nos; 11) Yo; 12) me; 13) se; 14) conmigo; 15) él; 16) nos; 17) Nos; 18) ellos; 19) nosotros; 20) los; 21) Les; 22) lo.

53

a) En su vida María ha trabajado **duro** / No me gusta el pan duro.

b) El cielo está claro / Hable más **claro**.

c) Es un chico alto / La cometa subió **alto**.

d) Ana abrió **rápido** la puerta / El atleta es muy rápido.

e) Cuando hagas una entrevista de trabajo, pisa **firme** / Es una mesa firme.

f) Luis piensa **distinto** a ti / Este trabajo es distinto al mío.

g) El día primero de clase hablarás con el profesor / Llegó **primero** la carta.

h) Canta **fuerte** en la ducha / Se ha convertido en un hombre fuerte.

i) Siga **recto** este camino / No puede perderse porque es un camino recto.

54

1) fue; 2) habían llamado; 3) había sido seleccionada; 4) preguntó; 5) tenía; 6) contestó; 7) había trabajado; 8) gustaba; 9) había visto; 10) interesó / había interesado; 11) leyó; 12) pensó; 13) debía; 14) Envió; 15) llamaban; 16) recibió; 17) hiciera; 18) estaba; 19) iba; 20) pidió; 21) hablara; 22) sabía; 23) Había estudiado; 24) había seguido; 25) había colaborado; 26) había hecho; 27) era; 28) continuó; 29) quería; 30) estaba; 31) esperaba; 32) explicó; 33) era; 34) vendían; 35) tenían; 36) sonrió; 37) anotaba; 38) gustaba; 39) pusieran; 40) estaba; 41) dijo; 42) haría; 43) preguntó; 44) podía; 45) respondió; 46) era; 47) podía; 48) dio; 49) se despidió; 50) salió; 51) había terminado; 52) esperaba; 53) avisaran; 54) Pensó; 55) consiguiera; 56) haría.

55

Posibles respuestas

a) Se dice que Juan se ha jubilado porque está muy enfermo / Se dice que Juan está muy enfermo, por tanto se ha jubilado.

b) Aunque ese asunto no me gusta, te habría ayudado si me lo hubieras dicho / Como ese asunto no me gusta, no me lo has dicho, aunque te habría ayudado.

c) Diego me preguntó si iría a su fiesta porque necesitaba que le llevara la bebida / Diego necesitaba que yo fuera a su fiesta, por tanto me preguntó si yo llevaría la bebida.

d) Aunque Antonio no tiene dinero, ha decidido comprarse un coche para ir a la oficina por la mañana porque no hay autobuses a esa hora.

56

a) En la primera oración del grupo se expresa un deseo que es probable que ocurra: en este caso, que no se divorcien los padres. En la segunda, el deseo que se expresa es menos probable que en la oración anterior. En la última oración el deseo es imposible porque el hecho ya ha ocurrido: los padres ya se han divorciado.

b) En las tres oraciones el verbo *sentir* se construye con subjuntivo. En la primera oración el presente de subjuntivo del verbo *venir* indica presente y futuro: *Siento que venga ahora / mañana con nosotros*. En la segunda, el pretérito perfecto de subjuntivo del verbo *venir* indica un pasado reciente, valor característico de este tiempo verbal: *Siento que hoy / esta semana / este año haya venido con nosotros*. En el último caso, el imperfecto de subjuntivo de *venir* significa un pasado más alejado, valor que tiene también el pretérito indefinido de indicativo: *Siento que ayer / la semana pasada / el año pasado viniera con nosotros*.

c) Las dos oraciones representan estructuras del estilo indirecto. En la primera de ellas, Juan es el sujeto de *dijo* y de *vendría*. Juan hace una afirmación de una acción futura: Juan me dijo algo y Juan vendrá. En la segunda, el sujeto de *viniera* es *yo*: Juan me da una orden para que yo venga.

57

Posible respuesta

Los periodistas fueron a la rueda de prensa que el ministro de Economía daba en la Moncloa a las tres, ya que querían preguntarle por qué los precios de la gasolina habían subido tanto. La gente estaba harta porque tenía problemas para llegar a fin de mes con el dinero que ganaba, de modo que había muchas huelgas. Posiblemente, el ministro no contestaría, aunque los periodistas hicieran muchas preguntas. La rueda de prensa había comenzado cuando los periodistas llegaron.

58

1) necesitaba; 2) apareciera; 3) lleva; 4) tenía; 5) incluían; 6) decidió; 7) Entró; 8) preguntó; 9) había; 10) tuviera; 11) miró; 12) entendía / había entendido; 13) decía / había dicho; 14) quería; 15) notara; 16) trató; 17) dijo; 18) había; 19) explicaban; 20) eran; 21) señaló; 22) tenían; 23) eran; 24) tuviera; 25) podía; 26) estaba; 27) se dio; 28) sabía; 29) era; 30) se despidió; 31) salió; 32) caminaba; 33) iba; 34) volvería; 35) sería; 36) pudiera; 37) comprobaría; 38) tenían; 39) buscaba.

59

1) Aquí **está** la noticia: nos vamos a vivir a otra ciudad.

2) Aseguró que **vendría,** pero no sé si será verdad.

3) Es un documento **en el** que debe escribir su nombre y dirección.

4) **Les** interesa conseguir **ese** trabajo porque **pagan** bien.

5) Hubo un accidente y **la** policía **vino** en cinco minutos.

6) Nos dimos cuenta demasiado tarde **de** que nos habían engañado.

7) Estos empresarios no son como **los** hombres de negocios **de** hace veinte años.

8) El examen **será** en **el** aula 5.

9) Se necesita **un** documento.

10) **Dénmelo,** si no me enfadaré.

11) Gracias por **enviarnos** la información solicitada.

12) Cuando **seas** mayor, podrás hacer lo que quieras.

13) Trataremos -- mejor **el** asunto / Trataremos lo mejor **posible el** asunto / Trataremos lo mejor **del** asunto.

14) Se ha comprado un teléfono móvil para que todo el mundo **pueda** localizarlo.

15) El hombre y la mujer hacen **el** mismo trabajo y deben proteger **a** sus hijos pequeños.

16) Si un estudiante **tiene** una duda, debe preguntar al profesor.

17) **A** los estudiantes de esta edad les encanta -- hacer actividades divertidas en clase.

18) Dio un libro a cada -- estudiante.

19) Si hay **uno** o **varios** estudiantes **que** no comprenden algo, el profesor los ayuda.

20) Yo que tú, **comenzaría** a preparar el examen.

21) La película **es** recomendable para los que quieran llorar.

22) Se **acercó** a la mesa gente muy rara para pedir información.

23) ¡**Volved** pronto a visitarnos!

24) Si **hubieras acompañado** a Luis, no te habrías quedado en casa solo.

25) Pueden irse ya los alumnos **a los** que les he dado las notas.

26) Di a tus amigos que vengan a la fiesta todos **los** que quieran.

27) Me pidió que para julio **hubiera terminado / terminara** el proyecto.

28) Quisiéramos hablar con **el** señor Martínez, por favor.

29) La policía dice por el altavoz que se **detengan** los coches.

30) No sé si **os** lo he dicho ya: a Laura **le** han tocado 60.000 euros.

31) Hablamos con los vecinos **en los** que confiamos.

32) Antes de que **llegara,** nosotros estábamos esperándole.

33) Necesita que le **cuiden** porque está muy enfermo.

34) Hemos visto en el parque de Doñana **unas** aves grandes.

35) Los alumnos deberán resolver **el** problema antes **de** cinco minutos.

36) El barco se dirigía **a** la costa cuando chocó contra otro barco.

37) **Le** sorprende mucho que no **hayas** llamado.

38) Los viajeros pensaron que **serían** indemnizados por el retraso de su vuelo.

39) Si sigues recto por la calle, verás que hay **una** peluquería a mano derecha.

40) A los estudiantes no les **gustaba** estudiar *El Cid* o *La Celestina*.

60

1. b; 2. b; 3. c; 4. a; 5. b; 6. c; 7. b; 8. a; 9. c; 10. b; 11. c; 12. b; 13. a; 14. a; 15. c; 16. b; 17. b; 18. a; 19. c; 20. b.